# FAIT MAISON N°2
## *par* CYRIL LIGNAC

45 recettes du quotidien

rapides & faciles

Éditions
de La Martinière

**FAIT MAISON**

*Tu as aimé et pris du plaisir
à cuisiner les recettes du tome 1 ?*

Découvre dans ce deuxième livre 45 recettes salées et sucrées, toutes réalisées dans ma cuisine. Elles sont faciles à faire, la liste des courses est courte et accessible.

L'idée est de te proposer un plat et un dessert pour le quotidien. Pour le déjeuner ou le dîner, en solo, en duo, en famille ou entre amis, tu peux réaliser ces recettes et les adapter selon tes envies et tes besoins.

Et tu pourras dire :
## *« C'est moi qui l'ai fait ! »*

Allez, en cuisine, ce n'est pas si compliqué
et on va le faire ensemble !
Laisse-toi guider, tu vas voir, on va se régaler !

Cyril Lignac

# SOMMAIRE

# SALÉ

| | |
|---|---|
| Guacamole épicé | 9 |
| Nems de poulet et légumes, sauce acidulée | 11 |
| Houmous & pita | 15 |
| Tzatziki | 17 |
| Taboulé vert aux crevettes | 19 |
| Salade César | 21 |
| Salade de pâtes, pesto rosso | 22 |
| Salade de chèvre chaud aux fruits | 25 |
| Salade de crevettes croustillantes, crème épicée | 27 |
| Tarte croustillante à la mozzarella et champignons | 28 |
| Crêpes au jambon, salade verte | 30 |
| Gnocchis de chou-fleur, pesto de petits pois à la menthe | 33 |
| Petits pois à la française aux saucisses | 34 |
| Conchiglioni farcis aux épinards et chèvre | 37 |
| Tomates farcies | 39 |
| Moussaka | 42 |

| | |
|---|---|
| Dorade marinée aux agrumes et menthe | 44 |
| Cabillaud en papillote à la verveine, beurre acidulé | 47 |
| Saumon croustillant, riz à la mangue, vinaigrette sésame oignon | 48 |
| Bouillon de nouilles, œuf mollet et lard | 50 |
| Pad thaï | 53 |
| Curry japonais de légumes | 54 |
| Côtelettes d'agneau chimichurri, petits pois | 57 |
| Couscous de légumes, beignets de dattes à la ricotta | 59 |
| Ma bouillabaisse | 63 |
| Crevettes curry coco | 64 |
| Mijoté de veau aux épices, sauce thina | 67 |
| Aubergines farcies aux poivrons et bœuf | 68 |
| Poulet basquaise, riz cuisiné et crème de chorizo | 70 |
| Paella | 73 |

# SOMMAIRE

## SUCRÉ

| | |
|---|---|
| Crème caramel à la vanille et fève tonka | 76 |
| Soufflé au chocolat, riz soufflé caramélisé | 79 |
| Moelleux aux pommes et à la cannelle | 81 |
| Palmiers à la cannelle | 83 |
| Riz au lait à la vanille | 86 |
| Mousse au chocolat blanc stracciatella | 89 |
| Tiramisù au café | 90 |
| Tapioca au lait de coco, banane et fruits rouges | 92 |
| Dulce de leche | 95 |
| Biscuit roulé aux fraises, chantilly légère | 96 |

| | |
|---|---|
| Fraises infusées au thé | 98 |
| Clafoutis aux cerises | 100 |
| Churros, sauce chocolat | 103 |
| Eton mess aux fraises | 104 |
| Ananas rôti au four à la bergamote | 107 |
| Index par produits | 108 |

FAIT MAISON
# SALÉ

FAIT MAISON SALÉ

# GUACAMOLE ÉPICÉ

TEMPS DE PRÉPARATION : 12 MINUTES - TEMPS DE CUISSON : 6 MINUTES

**POUR 4 PERSONNES**

200 g d'avocat
(ou la chair d'1 avocat)
100 g de petits pois
10 g de feuilles de coriandre
½ cuil. à café de piment
d'Espelette ou autre
1 citron vert bio
Tabasco® vert
Tacos (facultatif)
Sel fin

**ÉTAPE 1**
Lave et hache les feuilles de coriandre, gardes-en
quelques-unes entières pour la décoration.

**ÉTAPE 2**
Fais cuire les petits pois à l'eau bouillante salée
6 minutes, puis égoutte-les.

**ÉTAPE 3**
Dans un saladier, réunis la chair d'avocat, les petits
pois cuits, la coriandre hachée, le piment, le jus
et 1 zeste finement râpé de citron vert, du sel fin
et commence à écraser à l'aide d'une fourchette.
Vérifie l'assaisonnement en sel et en piment,
ajoute du citron si cela manque et du Tabasco® vert.

**ÉTAPE 4**
Sers dans des bols avec des feuilles de coriandre
et 1 zeste de citron vert par-dessus, ajoute
éventuellement quelques tacos.

## CONSEILS

• Parsème ce guacamole épicé
des graines de ton choix (sésame,
lin, tournesol, courge…).

• Hors saison, tu peux réaliser
cette recette avec des petits pois
congelés. Dans ce cas, mixe-les
directement avec l'avocat.

FAIT MAISON SALÉ

# NEMS DE POULET ET LÉGUMES, SAUCE ACIDULÉE

TEMPS DE PRÉPARATION : 20 MINUTES - TEMPS DE CUISSON : 16 MINUTES

POUR 4 PERSONNES

250 g de blancs de poulet
50 g de champignons de Paris
1 carotte
1 oignon
125 g de germes de soja
50 g de vermicelles de haricots mungo
3 cuil. à soupe de sauce soja
1 œuf
16 galettes de riz
1 bière
1 cuil. à café de farine de tapioca ou de fécule de maïs
Quelques feuilles de salade
Quelques feuilles de menthe
Le jus d'1 citron vert
1 cuil. à café de sauce nuoc-mâm
1 pincée de sucre
Huile de tournesol

### ÉTAPE 1

Coupe les blancs de poulet en tout petits morceaux. Lave les champignons, épluche la carotte et l'oignon, hache le tout séparément à l'aide d'un petit hachoir. Coupe les germes de soja en deux.

### ÉTAPE 2

Fais bouillir une casserole d'eau, puis baisse le feu au plus bas, plonge les vermicelles de haricots mungo, laisse-les 10 minutes, puis égoutte-les et coupe-les à 3 cm de long.

### ÉTAPE 3

Dans un saladier, mélange le poulet, le hachis de carotte, oignon et champignons, les germes de soja, les vermicelles de haricots mungo, la sauce soja et l'œuf.

### ÉTAPE 4

Dans un saladier assez grand, verse de l'eau tiède avec un peu de bière, ce qui permet à la galette de riz de bien se décoller. Dans un petit ramequin, mélange la farine de tapioca avec un peu d'eau, garde de côté.
Dépose un torchon sur ton plan de travail, trempe une première galette de riz dans le mélange eau-bière et pose-la sur le torchon. Place, sur le centre, en bas de la feuille à 3 cm du bord de la galette, 1 cuillerée à soupe de la farce au poulet.

*(suite de la recette, double-page suivante)*

**FAIT MAISON** SALÉ

*(suite de la recette)*
**NEMS DE POULET ET LÉGUMES, SAUCE ACIDULÉE**

Replie les bords vers le centre et commence à rouler sans écraser. Vers la fin, trempe ton index dans le mélange farine de tapioca-eau et nappe le bord de la galette pour la coller, finis de rouler.

**ÉTAPE 5**
Dans un wok ou une grande poêle, verse 3 cm de haut d'huile de tournesol, fais chauffer, dépose les nems, laisse-les cuire 2 minutes sans les toucher et sans qu'ils se touchent ; cette opération est une précuisson, retourne-les, puis retire-les de la cuisson sans qu'ils dorent. Laisse-les refroidir quelques minutes sur une assiette avec un papier absorbant.

**ÉTAPE 6**
Pendant que les nems refroidissent, mélange dans un bol le jus de citron vert, la sauce nuoc-mâm et le sucre. Garde de côté.

**ÉTAPE 7**
Replonge les nems dans l'huile chaude pour qu'ils dorent 3 minutes, égoutte-les de nouveau sur l'assiette avec un papier absorbant. Ils doivent être croustillants.

**ÉTAPE 8**
Dans les assiettes, répartis les feuilles de salade et la menthe, dépose les nems à côté et sers avec la sauce acidulée.

**CONSEIL**

Tu peux mélanger la sauce avec du yaourt grec et ajouter quelques gouttes de Tabasco® si tu aimes.

**CONSEIL :**
Tu peux aussi servir les pains pitas
avec le mijoté de veau
aux épices (recette p. 67).

**FAIT MAISON** SALÉ

# HOUMOUS & PITA

TEMPS DE PRÉPARATION : 30 MINUTES - TEMPS DE REPOS : 1 H 40
TEMPS DE CUISSON : 6 MINUTES

POUR 4 PERSONNES

**Pour les pains pitas :**
200 g de farine
7 g de levure de boulanger
10 cl d'eau tiède
7 g de sucre
1 cuil. à café de sel fin
1 cuil. à soupe d'huile d'olive

**Pour le houmous :**
200 g de pois chiches cuits
1 petit piment vert
2 gousses d'ail
¼ de botte de persil plat
1 citron jaune
Quelques pignons de pin
8 cl de sauce tahini
2 cuil. à soupe d'huile d'olive
Sel fin et fleur de sel

**ÉTAPE 1**

Pour les pains pitas : verse dans un saladier
l'eau tiède, la levure avec le sucre et laisse
reposer 10 minutes. Dans un second
saladier, mélange à la main la farine, le sel
fin et le mélange levure-sucre. Pétris bien,
forme une boule, huile-la et laisse reposer
pendant 1 h 30 dans un endroit tempéré
plutôt chaud, ou dans le four à 80 °C
pendant le même temps.

**ÉTAPE 2**

Pétris de nouveau la pâte pour chasser
l'air à l'intérieur. Forme une boule
et coupe-la en 4 morceaux. Étale-les au
rouleau et dépose-les dans une poêle,
fais cuire les pains 3 à 5 minutes à feu
moyen, ils vont cloquer et prendre
une légère coloration.

**ÉTAPE 3**

Épépine et hache le piment vert.
Épluche et hache l'ail ainsi que les feuilles
de persil plat bien lavées. Presse le citron
jaune. Toaste les pignons de pin quelques
minutes à 180 °C au four pour qu'ils dorent.
Rince les pois chiches à l'eau froide,
puis égoutte-les.

**ÉTAPE 4**

Dans le mixeur, verse les pois chiches,
commence à mixer, puis ajoute l'ail,
le piment, 1 pincée de sel fin, la sauce tahini
et le jus de citron.

**ÉTAPE 5**

Verse dans un plat de service, forme
une vague à l'aide d'une cuillère,
verse l'huile d'olive à l'intérieur, parsème
de fleur de sel et de persil haché, ajoute
les pignons de pin torréfiés. Déguste avec
les pains pitas maison.

**FAIT MAISON** SALÉ

# TZATZIKI

TEMPS DE PRÉPARATION : 12 MINUTES - TEMPS DE REPOS : 1 HEURE

### POUR 4 PERSONNES

1 concombre bien ferme
10 g de gros sel
600 g de yaourt grec
1 gousse d'ail
10 cl d'huile d'olive
2 cuil. à soupe de vinaigre de vin

### ÉTAPE 1

Épluche le concombre, coupe-le en tronçons de 10 cm de long et taille des lamelles de 2 mm à l'aide d'une mandoline en longeant le cœur pour éviter de prendre les pépins. Taille ensuite des bandes de 3 cm de long, puis en julienne (petites lamelles comme du râpé fin). Dépose-la dans un saladier.

### ÉTAPE 2

Ajoute le gros sel, mélange et laisse reposer 1 heure à température ambiante, puis égoutte le concombre dans une passoire en pressant légèrement pour retirer l'eau.

### ÉTAPE 3

Épluche et hache l'ail. Dans un saladier, mélange le concombre râpé avec le yaourt grec, l'ail, l'huile d'olive et le vinaigre. Réserve au frais.

### ÉTAPE 4

Pour servir, dépose le mélange de concombre bien frais dans le plat de ton choix.

### CONSEIL

Tu peux ajouter des rouleaux de concombre, des pluches d'aneth, un filet d'huile d'olive et un tour de moulin à poivre.

FAIT MAISON SALÉ

# TABOULÉ VERT AUX CREVETTES

TEMPS DE PRÉPARATION : 20 MINUTES - TEMPS DE CUISSON : 10 MINUTES

**POUR 4 PERSONNES**

200 g de semoule moyenne
50 cl de bouillon de légumes
ou 1 cube de bouillon
10 cl d'huile d'olive
Le jus d'1 citron jaune
100 g de petits pois
½ concombre
1 grenade
1 petit brocoli
¼ de botte de coriandre
¼ de botte de persil
16 crevettes cuites
50 g de cacahuètes grillées
et salées
1 citron vert bio
Huile d'olive
Sel fin et piment d'Espelette

**CONSEIL**

Si tu n'as pas de cacahuètes,
tu peux les remplacer par
des amandes, des pistaches
ou tout autre fruit sec.

### ÉTAPE 1

Fais bouillir le bouillon. Verse l'huile d'olive
sur la semoule et mélange-la à la fourchette,
assaisonne avec du sel fin et du piment d'Espelette.
Ajoute le jus de citron dans le bouillon, puis verse
sur la semoule, mélange et filme le plat. La semoule
va complètement absorber le bouillon.

### ÉTAPE 2

Fais cuire les petits pois 6 minutes à l'eau bouillante
salée. Lave et coupe le concombre, avec la peau mais
sans les pépins, en petits cubes de 0,5 cm de côté.
Égraine la grenade, coupe les sommités du brocoli,
hache le persil et la coriandre (garde quelques
feuilles pour la déco). Décortique, puis taille en trois
les crevettes. Garde tout séparément.

### ÉTAPE 3

Retire le film de la semoule, mélange à la fourchette.
Dans un saladier, réunis les petits pois cuits,
les dés de concombre, les morceaux de crevette,
les sommités de brocoli, les graines de grenade,
les herbes hachées et les cacahuètes concassées.
Ajoute la semoule, mélange bien le tout et
assaisonne avec de l'huile d'olive, le zeste et le jus
du citron vert et du sel fin.

### ÉTAPE 4

Répartis le taboulé dans des assiettes creuses.
Ajoute quelques feuilles de coriandre.

FAIT MAISON SALÉ

# SALADE CÉSAR

TEMPS DE PRÉPARATION : 15 MINUTES

## POUR 4 PERSONNES

2 blancs de poulet rôtis tièdes
4 œufs durs
2 salades romaines
30 g de petits croûtons de pain frits
1 morceau de parmesan
1 citron jaune bio
Sel fin et poivre du moulin

**Pour la vinaigrette :**
3 cuil. à soupe d'huile d'olive
1 cuil. à soupe de balsamique blanc

**Pour la sauce César :**
1 œuf dur + 1 jaune
20 g de pâte d'anchois
½ gousse d'ail
30 g de parmesan râpé
1 cuil. à soupe de vinaigre de vin
ou de Xérès
Le jus d'½ citron jaune
7 cl d'huile neutre
5 cl de crème liquide entière
Quelques gouttes de sauce
Worcestershire
Tabasco®
Sel fin

## CONSEIL

Compte 9 minutes de cuisson
dans une casserole d'eau
bouillante pour obtenir un œuf
dur. Pense à l'écaler dans l'eau
froide, c'est plus facile.

### ÉTAPE 1

Prépare la sauce César : dans un mixeur, dépose l'œuf dur
avec le jaune d'œuf, la pâte d'anchois, la demi-gousse d'ail
épluchée et dégermée et le parmesan râpé, commence à
mixer. Verse le vinaigre et le jus de citron. Racle les bords
du bol. Verse en filet l'huile et ensuite la crème liquide,
puis racle de nouveau les bords, assaisonne avec la sauce
Worcestershire et le Tabasco®. Sale la sauce. Garde de côté
dans un ramequin et verses-en un peu dans une poche
sans douille si tu en as une.

### ÉTAPE 2

Coupe les blancs de poulet cuits en dés, mets-les dans
un saladier avec 3 cuillerées à soupe de sauce César.
Hache séparément les blancs et les jaunes d'œufs durs,
ajoute-les à la préparation. Vérifie l'assaisonnement
en sel et en poivre.

### ÉTAPE 3

Coupe les romaines en deux dans la longueur,
taille ensuite le pied mais fais attention à ne pas trop
le couper pour éviter que les feuilles se séparent.
Retire un peu de cœur pour pouvoir mettre du poulet
au centre. Dépose les romaines dans un plat (mais pas
celui que tu utiliseras pour servir). Dans un saladier,
prépare la vinaigrette. Verse sur les cœurs de romaine.
Sale et poivre.

### ÉTAPE 4

Verse de la sauce César en zigzag sur les romaines
à l'aide de la poche ou simplement d'une cuillère,
en faisant des gestes délicats. Dépose ensuite dans
les cœurs le mélange de poulet où tu auras ajouté
les croûtons au dernier moment. Râpe du parmesan
et le zeste du citron jaune sur le dessus.

FAIT MAISON SALÉ

# SALADE DE PÂTES, PESTO ROSSO

TEMPS DE PRÉPARATION : 15 MINUTES - TEMPS DE CUISSON : 10 MINUTES

## POUR 4 PERSONNES

240 g de penne
100 g de petits pois
200 g de tomates cerise
2 tranches de poitrine fumée
200 g de pousses d'épinards
1 courgette
Huile d'olive
Sel fin et poivre du moulin

**Pour le pesto rosso :**
125 g de tomates séchées
à l'huile d'olive
20 g de poudre d'amandes
1 gousse d'ail
50 g de parmesan râpé
20 g de feuilles de basilic

## CONSEIL

Tu peux faire cette salade
avec d'autres pâtes et tu
peux remplacer les pousses
d'épinards par de la mâche
ou une autre salade.

### ÉTAPE 1

Prépare le pesto rosso. Dans le mixeur, verse les
tomates séchées égouttées, ajoute la poudre d'amandes,
l'ail pelé et dégermé, le parmesan râpé, le basilic,
commence à mixer. Verse quelques gouttes d'huile
d'olive si nécessaire, puis transfère dans un ramequin.

### ÉTAPE 2

Dans une casserole d'eau bouillante salée, fais cuire
les petits pois 6 minutes pour le taboulé, p. 19, et
la salade page suivante, puis égoutte-les et verse-les
dans un bain d'eau glacée. Garde-les de côté.
Taille les tomates en quartiers.

### ÉTAPE 3

Détaille les tranches de lard en lardons et poêle-les
quelques minutes pour les faire croustiller, dépose-les
sur une assiette avec une feuille de papier absorbant
pour récupérer le gras.

### ÉTAPE 4

Fais cuire les pâtes 6 à 7 minutes dans une casserole
d'eau bouillante salée. Au terme de la cuisson, égoutte
les pâtes, mélange-les avec un trait d'huile d'olive
dans un saladier. Ajoute le pesto rosso, les petits pois,
les lardons, les tomates et les feuilles d'épinards lavées.

### ÉTAPE 5

Taille des lamelles de courgette à l'économe. Huile-les
et assaisonne-les avec du sel et du poivre.

### ÉTAPE 6

Verse la salade dans les assiettes creuses ou dans un
grand plat et répartis les lamelles de courgette.

**FAIT MAISON** SALÉ

# SALADE DE CHÈVRE CHAUD AUX FRUITS

TEMPS DE PRÉPARATION : 20 MINUTES · TEMPS DE CUISSON : 10 MINUTES

### POUR 4 PERSONNES

200 g de fromage de chèvre
100 g de petits pois
Salade au choix
200 g de cerises
½ melon
125 g de framboises
et/ou de fraises
20 g de farine
2 jaunes d'œufs
50 g de chapelure
Quelques pistaches
Huile de tournesol
Sel fin, fleur de sel
et poivre du moulin

**Pour la vinaigrette :**
1 cuil. à café de moutarde
2 cuil. à café de miel
4 cuil. à soupe d'huile d'olive
3 cuil. à soupe de vinaigre
balsamique blanc

### CONSEIL

Tu peux adapter cette recette
en fonction de la saison et
varier les légumes et les fruits
comme bon te semble.

### ÉTAPE 1

Fais cuire les petits pois à l'eau bouillante salée
6 minutes. Au terme de la cuisson, égoutte-les
et plonge-les dans un bain d'eau glacée.
Garde-les de côté.

### ÉTAPE 2

Lave et coupe les cerises en deux, dénoyaute-les.
Épépine le melon et retire la peau au couteau,
coupe-le en morceaux pas trop gros. Lave et essore
la salade de ton choix, taille les feuilles en long
sans la côte, dépose-les dans un saladier.

### ÉTAPE 3

Dans un bol, verse la moutarde, le miel, l'huile d'olive
et le vinaigre balsamique blanc. Réserve.

### ÉTAPE 4

Forme des boules avec le chèvre frais d'1,5 à 2 cm
de diamètre à la main, sans trop les travailler,
roule-les dans la farine, puis dans les jaunes d'œufs
battus et enfin dans la chapelure. Fais-les frire à
180 °C dans de l'huile de tournesol, 1 minute pour
qu'elles dorent. Égoutte-les sur un papier absorbant.

### ÉTAPE 5

Assaisonne les feuilles de salade avec la vinaigrette,
du poivre du moulin, ajoute les cubes de melon,
les fruits, les petits pois, rajoute de la vinaigrette,
de la fleur de sel et du poivre, parsème de pistaches
préalablement toastées et concassées, puis dépose
les boules de chèvre frites sur le dessus.

FAIT MAISON SALÉ

# SALADE DE CREVETTES CROUSTILLANTES, CRÈME ÉPICÉE

TEMPS DE PRÉPARATION : 12 MINUTES - TEMPS DE CUISSON : 5 MINUTES

POUR 4 PERSONNES

16 crevettes crues
60 g de Maïzena®
2 œufs
80 g de panko ou flocons de mousseline ou chapelure de pain
1 salade romaine
Quelques feuilles de coriandre
2 oignons nouveaux
2 avocats
12 cl d'huile de sésame
5 cl de vinaigre balsamique blanc
Graines de sésame
Huile de tournesol
Sel fin

**Pour la crème épicée :**
50 g de yaourt grec
2 cuil. à soupe de mayonnaise
1 cuil. à soupe de gingembre haché
1 gousse d'ail
Tabasco®

### ÉTAPE 1

Pane les crevettes décortiquées et déboyautées dans la Maïzena®, puis dans les œufs battus et enfin dans la chapelure de ton choix. Dépose-les dans une assiette.

### ÉTAPE 2

Lave et coupe la romaine en lamelles de 0,5 cm d'épaisseur, mets-la dans un saladier, ajoute la coriandre ciselée et les oignons ciselés. Épluche et coupe en dés les avocats.

### ÉTAPE 3

Mélange dans un saladier le yaourt grec avec la mayonnaise, le gingembre haché, l'ail haché et parfume au Tabasco®. Réserve. Dans un second saladier, verse l'huile de sésame et le vinaigre balsamique.

### ÉTAPE 4

Dans une casserole d'huile chaude, fais frire les crevettes quelques minutes pour qu'elles soient bien dorées, égoutte-les sur une assiette avec du papier absorbant. Coupe les crevettes panées en deux et mets-les dans un saladier avec 3 cuillerées de crème épicée, mélange délicatement.

### ÉTAPE 5

Ajoute les avocats dans la salade, assaisonne-la avec la vinaigrette, sale. Dépose les crevettes sur la salade et parsème de sésame.

**FAIT MAISON** SALÉ

# TARTE CROUSTILLANTE
# À LA MOZZARELLA ET CHAMPIGNONS

TEMPS DE PRÉPARATION : 15 MINUTES - TEMPS DE CUISSON : 30 MINUTES

### POUR 4 PERSONNES

5 feuilles de pâte filo
500 g de champignons de Paris
100 g de shiitakés
100 g de fromage à pâte
semi-dure (tomme, cantal,
fontina, raclette)
1 boule de mozzarella
1 cuil. à soupe de feuilles
de persil
1 gousse d'ail
Huile d'olive
100 g de beurre
+ 15 g pour le moule
Sel fin et poivre du moulin

### ÉTAPE 1

Lave et escalope les champignons, hache le persil
et garde-les séparément. Épluche et hache l'ail.
Préchauffe le four à 185 °C.

### ÉTAPE 2

Dans une poêle chaude, verse un trait d'huile d'olive,
ajoute les champignons, assaisonne-les avec du sel fin
et du poivre et laisse-les cuire quelques minutes à feu
moyen. Quand ils ont perdu leur eau de végétation,
ajoute 1 noix de beurre, laisse-les caraméliser avec l'ail
et le persil hachés. Verse-les dans une assiette.

### ÉTAPE 3

Beurre un moule à tarte et fais fondre le beurre.
Dépose dans le moule une première feuille de filo beurrée
des deux côtés à l'aide d'un pinceau, puis continue
à beurrer les autres feuilles de filo des deux côtés et
dépose-les au fur et à mesure dans le plat en changeant
chaque fois de sens pour former un cercle.

### ÉTAPE 4

Répartis dans le fond du moule de petits cubes de
fromage semi-dur, puis par-dessus les champignons,
et enfin la mozzarella émiettée. Replie les côtés des feuilles
de filo vers le centre pour bien refermer et enfourne
pour 20 minutes.

### ÉTAPE 5

Au terme de la cuisson quand la tarte est bien dorée,
dépose-la dans un plat de service et sers-la chaude.

**FAIT MAISON** SALÉ

# CRÊPES AU JAMBON, SALADE VERTE

TEMPS DE PRÉPARATION : 20 MINUTES - TEMPS DE CUISSON : 25 MINUTES

## POUR 4 PERSONNES (10 CRÊPES ENVIRON)

4 à 8 tranches de jambon blanc
300 g de farine
3 œufs
3 cuil. à soupe de sucre
2 cuil. à soupe d'huile
70 cl de lait entier
20 g de beurre
2 cœurs de laitue
Huile d'olive
Vinaigre balsamique blanc

**Pour la béchamel au fromage :**
70 g de beurre
70 g de farine
50 cl de lait entier
50 g de parmesan râpé
Sel fin et poivre du moulin

## CONSEILS

• Remplace le parmesan par un autre fromage râpé de ton choix.

• Tu peux parfumer la béchamel de cumin ou de muscade.

• Si tu trouves que ta pâte est trop épaisse, rajoute un peu de lait.

### ÉTAPE 1

Dans un saladier, fouette la farine avec les œufs, le sucre, l'huile et le lait. Laisse reposer la pâte 10 minutes, le temps de préparer la béchamel au fromage.

### ÉTAPE 2

Dans une casserole, fais fondre le beurre, ajoute la farine, mélange et laisse cuire 6 minutes le roux, puis verse le lait en remuant et mélange en portant à ébullition. Laisse cuire jusqu'à ce que la sauce épaississe, incorpore le fromage, sale et poivre.

### ÉTAPE 3

Dans une poêle chaude, passe un papier absorbant huilé, verse une louche de pâte, laisse cuire jusqu'à ce que des bulles se forment à la surface et que la crêpe soit dorée, retourne-la, puis renouvelle le geste jusqu'à épuisement de la pâte.

### ÉTAPE 4

Dépose ta crêpe sur ton plan de travail propre, nappe de béchamel et dépose dessus 1 tranche de jambon. Commence à rouler, puis replie les bords à l'intérieur et finis de rouler. Garde sur un plat.

### ÉTAPE 5

Dans une poêle chaude, fais chauffer le beurre, puis dépose les crêpes côté jointure en bas, laisse colorer, puis retourne et arrose les crêpes de beurre fondu. Quand elles sont dorées et croustillantes, répartis-les dans les assiettes, sers accompagné de la salade assaisonnée avec de l'huile d'olive et du vinaigre balsamique blanc.

**CONSEIL :**
Tu peux garder quelques sommités de chou-fleur crues pour la déco, que tu tailleras en lamelles fines et que tu intégreras à la fin pour apporter du croquant.

FAIT MAISON SALÉ

# GNOCCHIS DE CHOU-FLEUR, PESTO DE PETITS POIS À LA MENTHE

TEMPS DE PRÉPARATION : 30 MINUTES - TEMPS DE CUISSON : 25 MINUTES

## POUR 4 PERSONNES

400 g de sommités de chou-fleur crues
(300 g cuites après presse)
80 g de farine de riz
+ farine pour le plan de travail
1 cuil. à café de sel fin
1 morceau de parmesan
15 cl de crème liquide entière
Quelques pistaches
Huile d'olive
Sel fin et fleur de sel

### Pour le pesto de petits pois :
100 g de petits pois
1 gousse d'ail
20 g de feuilles de menthe
3 à 4 cuil. à soupe d'huile d'olive
30 g de pignons de pin
30 g de parmesan râpé
Sel fin et poivre du moulin

### ÉTAPE 1

Fais cuire les petits pois à l'eau bouillante
salée 6 minutes, puis égoutte-les. Épluche
l'ail, lave la menthe et torréfie quelques
minutes les pignons dans une poêle à sec.

### ÉTAPE 2

Dans un petit mixeur, dépose l'ail avec
1 pincée de sel fin, la moitié de la menthe
et l'huile d'olive, commence à mixer,
ajoute les petits pois et le reste des herbes,
1 à 2 cuillerées d'huile si c'est trop épais,
intègre le parmesan et les pignons et mixe
jusqu'à obtenir une consistance de pesto.

Vérifie l'assaisonnement en sel et en poivre.
Garde de côté.

### ÉTAPE 3

Dans une casserole d'eau bouillante salée,
verse les sommités de chou-fleur, laisse-les
cuire 13 minutes jusqu'à ce qu'elles soient
bien cuites, égoutte-les, puis refroidis-les dans
un bain d'eau glacée, mais pas trop longtemps
pour éviter qu'elles se gorgent d'eau.
Égoutte-les, puis dépose-les dans un torchon
et presse-les pour retirer l'excédent de liquide.

### ÉTAPE 4

Dépose le chou-fleur dans le bol du mixeur,
commence à mixer, ajoute la farine et le sel
fin. Mixe pour obtenir une pâte homogène.
Dépose la pâte sur le plan de travail propre,
forme une boule, coupe-la en quatre,
étale chaque part en rouleau fin de 2 cm
de diamètre, coupe en tronçons de 2 cm de
long. Réserve les gnocchis.

### ÉTAPE 5

Dans une poêle chaude, verse un trait
d'huile d'olive, dépose les gnocchis, colore-les
à feu moyen 5 à 6 minutes en les retournant,
puis ajoute le pesto de petits pois et la crème
liquide, enrobe-les et répartis-les dans
les assiettes, râpe du parmesan au-dessus
et parsème de pistaches. Assaisonne avec
de la fleur de sel et sers.

**FAIT MAISON** SALÉ

# PETITS POIS À LA FRANÇAISE AUX SAUCISSES

TEMPS DE PRÉPARATION : 20 MINUTES - TEMPS DE CUISSON : 20 MINUTES

## POUR 4 PERSONNES

400 g de petits pois écossés
4 saucisses de Francfort
1 gros oignon
4 oignons nouveaux
1 tranche de lard fumé
1 laitue romaine
Quelques feuilles de menthe
10 cl de bouillon cube
20 g de beurre
Quelques croûtons de pain frit
(0,5 cm de côté)
Sel fin et poivre du moulin
Gros sel

## CONSEILS

• En pleine saison, privilégie
des petits pois frais. Tu peux aussi
congeler de grandes quantités
de petits pois frais et les utiliser
tout au long de l'année.

• Tu peux remplacer les saucisses
par du jambon. Pour une version
sans viande, utilise des poissons
fumés et, pour une version
végétarienne, du tofu frit.

### ÉTAPE 1

Fais cuire les petits pois à l'eau bouillante salée
6 minutes. Quand ils sont cuits, plonge-les
dans un bain d'eau glacée. Égoutte-les et
garde-les de côté.

### ÉTAPE 2

Épluche et cisèle le gros oignon et les oignons
nouveaux, taille le lard en lardons et les saucisses
en tronçons d'1 à 2 cm. Taille la salade en lanières
de 0,5 cm d'épaisseur, sans les grosses côtes.
Cisèle la menthe. Garde tout séparément.

### ÉTAPE 3

Dans une cocotte chaude, dépose les lardons,
puis, dans le gras des lardons, ajoute le gros oignon,
fais-le revenir, mets ensuite les saucisses.
Continue la cuisson à feu moyen. Intègre les petits
pois cuits. Ne laisse pas colorer l'ensemble.
Ajoute la salade et la menthe ciselée.
Verse une louche de bouillon et 1 noix de beurre
pour lier, puis mets les oignons nouveaux, mélange
et assaisonne avec du sel et du poivre.

### ÉTAPE 4

Parsème de croûtons dorés. Sers dans la cocotte
ou à l'assiette.

**CONSEIL :**
Si tu aimes que ce soit un peu acidulé, râpe un peu de zeste de citron jaune et ajoute quelques gouttes de jus de citron.

**FAIT MAISON** SALÉ

# CONCHIGLIONI FARCIS
# AUX ÉPINARDS ET CHÈVRE

TEMPS DE PRÉPARATION : 20 MINUTES - TEMPS DE CUISSON : 20 MINUTES

POUR 4 PERSONNES

20 pâtes coquillages
200 g de fromage de chèvre frais
300 g de pousses d'épinards (60 g cuits)
100 g de beurre
1 gousse d'ail
1 courgette
100 g de haricots verts
20 cl de crème liquide entière
50 g de parmesan
50 g de pignons de pin
Huile d'olive
Gros sel
Fleur de sel
Sel fin et poivre du moulin

### ÉTAPE 1

Dans une casserole d'eau chaude salée,
fais cuire les pousses d'épinards.
Quand elles sont bien cuites, égoutte-les
et plonge-les dans un bain d'eau glacée.
Égoutte-les à nouveau, puis presse-les
à la main, dépose les épinards (60 g)
dans le bol du mixeur.

### ÉTAPE 2

Fais chauffer le beurre quelques minutes
dans une poêle, pour qu'il prenne une
couleur noisette, versez-le dans le bol
du mixeur, ajoute l'ail épluché et dégermé,
de la fleur de sel et commence à mixer.

### ÉTAPE 3

Taille la courgette en tranches de 0,5 cm de
long, puis en cubes de 0,5 cm de côté.

Équeute les haricots verts. Fais cuire les
légumes à l'eau bouillante salée, séparément.
Quand ils sont cuits, égoutte-les et plonge-
les dans un bain d'eau glacée. Garde-les
de côté. Taille les haricots en petits tronçons
de 0,5 cm de long.

### ÉTAPE 4

Dans une casserole d'eau chaude salée,
fais cuire les pâtes 6 minutes. Sors-les sans
les rincer. Préchauffe le four à 200 °C.

### ÉTAPE 5

Pendant que les pâtes cuisent, mélange
dans un saladier le fromage de chèvre avec
la crème, assaisonne, verse dans une poche
sans douille ou laisse dans le saladier, farcis
les pâtes et dépose-les délicatement dans un
plat. Râpe le parmesan au-dessus. Enfourne
les conchiglioni farcis pour 8 minutes.

### ÉTAPE 6

Réchauffe les légumes dans un trait d'huile
d'olive et 1 à 2 cuillerées de condiment
épinards. Verse 1 à 2 cuillerées d'eau
si c'est trop épais.

### ÉTAPE 7

Sors les pâtes du four, répartis-les dans
les assiettes, verse les légumes dessus
avec sauce. Parsème de pignons de pin
préalablement toastés.

FAIT MAISON SALÉ

# TOMATES FARCIES

TEMPS DE PRÉPARATION : 20 MINUTES - TEMPS DE CUISSON : 50 MINUTES

POUR 4 PERSONNES

4 grosses tomates
ou 8 tomates moyennes
4 grosses pommes de terre
600 g de chair à saucisse
½ botte de persil plat
1 oignon
200 g de sauce tomate
Chapelure de pain
30 g de beurre
Huile d'olive
Gros sel
Sel fin et poivre du moulin

### ÉTAPE 1

Épluche et taille les pommes de terre en dés et plonge-les dans une casserole d'eau avec un peu de gros sel, fais bouillir et laisse-les cuire pour qu'elles soient bien fondantes, au moins 12 minutes. Égoutte ensuite les pommes de terre sans les rincer, dépose-les dans le plat de cuisson des tomates farcies.

### ÉTAPE 2

Préchauffe le four à 190 °C. Lave, effeuille le persil et hache-le. Épluche et cisèle l'oignon.

### ÉTAPE 3

Dans une cocotte chaude, verse un trait d'huile d'olive, ajoute l'oignon et laisse-le cuire avec une légère coloration, verse la chair à saucisse et laisse-la cuire sur feu moyen, à découvert.

*(suite de la recette, double-page suivante)*

FAIT MAISON SALÉ

*(suite de la recette)*

**ÉTAPE 4**

Pendant ce temps, coupe le chapeau des tomates, vide l'intérieur à la cuillère sans les percer, garde la pulpe dans un saladier et dépose les tomates sur les pommes de terre. Coupe les chapeaux en morceaux, puis verse-les avec la pulpe des tomates sur la viande cuisinée (elle doit être en train de colorer légèrement), ajoute le persil haché et la sauce tomate, sale et poivre, puis laisse mijoter 15 à 20 minutes. La préparation doit s'épaissir, il faut laisser l'eau des tomates s'évaporer. Rectifie l'assaisonnement.

**FAIT MAISON** SALÉ

**CONSEILS :**

Tu peux remplacer la chair à saucisse par de la viande hachée de bœuf ou de veau.
Si tu as un peu de temps, passe au moulin à légumes la chair et les chapeaux des tomates.

### ÉTAPE 5

Au terme de la cuisson de la viande, dépose quelques cubes de beurre sur les pommes de terre. Puis, répartis la farce dans les tomates, saupoudre chaque tomate de chapelure et dépose un petit carré de beurre sur chacune. Verse 5 cl d'eau au fond du plat, puis enfourne pour 20 minutes. Les tomates doivent être croustillantes sur le dessus.

**FAIT MAISON** SALÉ

# MOUSSAKA

TEMPS DE PRÉPARATION : 20 MINUTES - TEMPS DE CUISSON : 50 MINUTES

**POUR 4 PERSONNES**

1 kg d'épaule d'agneau hachée
3 aubergines
400 g de tomates
1 oignon
1 gousse d'ail
10 g de cumin en poudre
1 branche de thym
100 g de parmesan râpé
Huile d'olive
Sel fin et poivre du moulin

### ÉTAPE 1

Lave les aubergines. Tailles-en 2 en tranches d'1 cm
d'épaisseur, puis en cubes. Taille ensuite la troisième
aubergine en tranches de 3 mm d'épaisseur et garde-les
de côté. Lave et coupe les tomates en dés. Épluche et
cisèle l'oignon. Épluche, dégerme et hache l'ail.

### ÉTAPE 2

Dans une cocotte chaude, verse un trait d'huile d'olive,
le cumin, ajoute les cubes d'aubergine, laisse-les
cuire sur feu moyen avec une légère coloration,
puis intègre l'oignon ciselé et continue la cuisson
5 à 6 minutes avec coloration. Verse la viande,
mélange bien, assaisonne avec du sel et du poivre,
laisse cuire pour que le jus naturel de la viande sorte,
puis laisse caraméliser quelques minutes, ajoute l'ail
et le thym. Verse les tomates en dés et laisse cuire
25 minutes à feu doux, à couvert, puis 10 minutes
à découvert – il faut que la viande soit bien confite,
vérifie l'assaisonnement en sel fin. Réserve.

### ÉTAPE 3

Préchauffe le four en mode gril à 220 °C.
Sale les tranches d'aubergine réservées et fais-les frire
à la poêle dans de l'huile d'olive, jusqu'à ce qu'elles
soient bien caramélisées. Dépose-les ensuite sur
un papier absorbant.

### ÉTAPE 4

Dans le plat, dépose des tranches d'aubergine frites,
la farce à l'agneau par-dessus, recouvre de tranches
d'aubergine et finis avec le parmesan râpé.
Enfourne pour 8 minutes.

**FAIT MAISON** SALÉ

# DORADE MARINÉE
# AUX AGRUMES ET MENTHE

TEMPS DE PRÉPARATION : 20 MINUTES

---

POUR 4 PERSONNES

4 filets de dorade
1 courgette
2 à 3 asperges blanches
100 g de cerises
Quelques feuilles de
menthe fraîche
Graines de sésame
Fleur de sel

**Pour la vinaigrette aux agrumes :**
10 g de gingembre
1 g de piment thaï
3 cuil. à soupe de jus d'orange
2 cuil. à soupe de jus
de citron jaune
1 cuil. à soupe de vinaigre de fleurs
de cerisier ou de framboise
2 cuil. à soupe de sauce soja
1 cuil. à soupe d'huile
de pépins de raisin

## CONSEIL

Un carpaccio se fait le jour même
de sa dégustation car il s'agit de
poisson cru. Tu peux remplacer
la dorade par du bar ou des
poissons bleus comme le thon,
le maquereau, la sardine...

### ÉTAPE 1

Prépare la vinaigrette : épluche et hache
le gingembre, épépine et hache le piment.
Verse dans un bol avec les jus d'agrumes,
le vinaigre, la sauce soja et l'huile, mélange bien
et garde la vinaigrette de côté.

### ÉTAPE 2

Retire la peau des filets de poisson, taille-les
en deux le long de l'arête centrale, puis retire
les parties rouges et les arêtes. Passe les poissons
sous un filet d'eau froide et dépose-les sur
un papier absorbant. Taille-les ensuite en fines
tranches et étale-les dans les assiettes.
Tu peux conserver les carpaccios filmés au frais
et finir les assiettes au dernier moment.

### ÉTAPE 3

Lave et taille la courgette en lamelles fines,
puis retaille chaque lamelle en 4 parties égales,
en biseau. Épluche les asperges et taille-les
en lamelles fines à l'économe. Lave, équeute et
dénoyaute les cerises, puis coupe-les en quartiers.
Lave et cisèle les feuilles de menthe.

### ÉTAPE 4

Dans les assiettes de carpaccio, ajoute les lamelles
de courgette crue et les lamelles d'asperge
délicatement au milieu des tranches de poisson.
Nappe de vinaigrette aux agrumes, assaisonne
avec de la fleur de sel, dépose des quartiers de cerise,
ajoute de la menthe ciselée et parsème de graines
de sésame.

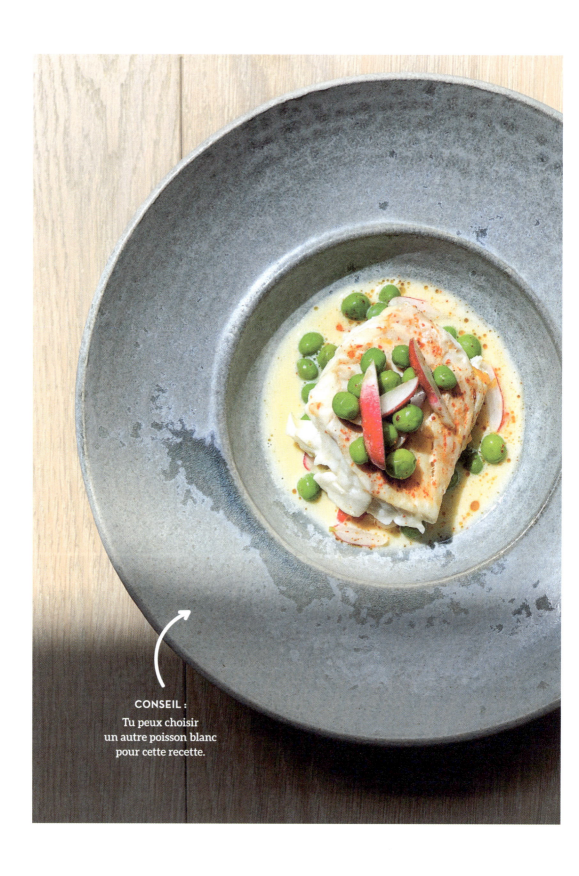

**CONSEIL :**
Tu peux choisir
un autre poisson blanc
pour cette recette.

**FAIT MAISON** SALÉ

# CABILLAUD EN PAPILLOTE À LA VERVEINE, BEURRE ACIDULÉ

TEMPS DE PRÉPARATION : 20 MINUTES - TEMPS DE CUISSON : 20 MINUTES

### POUR 4 PERSONNES

4 pavés de cabillaud
2 oranges bio
2 citrons jaunes bio
1 poignée de feuilles de verveine séchée ou fraîche
100 g de beurre bien froid
5 cl de crème liquide entière
200 g de petits pois frais
½ botte de radis roses
Fleur de sel
Piment d'Espelette
Huile d'olive
Sel fin et poivre du moulin

### ÉTAPE 1

Préchauffe le four à 180 °C. Taille 1 orange et 1 citron en rondelles. Découpe 4 morceaux de papier d'aluminium, qui doivent faire le double de la taille de tes papillotes. Dépose les poissons sur une moitié, avec 1 rondelle de citron et 1 rondelle d'orange et des feuilles de verveine fraîche, assaisonne avec du sel fin et du piment d'Espelette, verse un trait d'huile d'olive. Replie l'autre moitié du papier d'aluminium sur le poisson, puis commence à fermer en pliant les bords et non en froissant. Quand tu es au dernier bord, ajoute 1 à 2 cuillerées à soupe d'eau par papillote, ferme hermétiquement. Dépose les papillotes sur une plaque de cuisson et enfourne pour 7 à 8 minutes.

### ÉTAPE 2

Dans une petite casserole, verse le jus de citron jaune et le jus d'orange, fais-les réduire de moitié à feu moyen, incorpore le beurre bien froid en dés et laisse bouillir en fouettant, la sauce va épaissir. Verse la crème. Si tu veux que la sauce soit plus parfumée, ajoute des feuilles de verveine et, au bout de 10 minutes, passe à la passette fine. Assaisonne avec du sel fin et du poivre du moulin.

### ÉTAPE 3

Dans une casserole d'eau bouillante salée, fais cuire les petits pois 6 minutes, égoutte-les et plonge-les dans un bain d'eau glacée.

### ÉTAPE 4

Lave et équeute les radis, coupe-les en quartiers. Dans un saladier, mélange les petits pois avec les radis roses. Assaisonne avec de l'huile d'olive, de la fleur de sel et du poivre du moulin.

### ÉTAPE 5

Dans les assiettes creuses, dépose les pavés de poisson, ajoute les légumes et verse le beurre acidulé.

**FAIT MAISON** SALÉ

# SAUMON CROUSTILLANT, RIZ À LA MANGUE, VINAIGRETTE SÉSAME OIGNON

TEMPS DE PRÉPARATION : 25 MINUTES · TEMPS DE CUISSON : 20 MINUTES

---

POUR 4 PERSONNES

4 pavés de saumon de 120 g chacun
1 mangue
50 g de fécule de pomme de terre ou de maïs
2 blancs d'œufs
100 g de graines de sésame
100 g de riz soufflé
150 g de riz basmati
1 citron vert bio
Quelques feuilles de coriandre
Huile de tournesol ou d'olive
Sel fin et poivre du moulin

**Pour la vinaigrette :**
3 oignons nouveaux
1 morceau de gingembre frais de 4 cm
2 cuil. à soupe de moutarde
4 cuil. à soupe d'huile de sésame grillé
4 cuil. à soupe de vinaigre de riz
4 cuil. à soupe de sauce soja

### ÉTAPE 1

Épluche et râpe le gingembre ou écrase-le en purée, lave les oignons nouveaux et émince-les finement. Dans un bol, verse la moutarde, l'huile de sésame, le vinaigre de riz, la sauce soja, ajoute le gingembre et les oignons. Mélange et garde au frais.

### ÉTAPE 2

Épluche et coupe la mangue en petits dés d'1 cm de côté, garde-la au frais.

### ÉTAPE 3

Dans une assiette creuse, verse la fécule, dans une deuxième assiette, les blancs d'œufs battus avec du sel et du poivre, dans une troisième, le mélange de graines de sésame et de riz soufflé grossièrement mixées. Passe les pavés de poisson dans la fécule, puis dans les blancs et enfin dans le mélange de graines.

### ÉTAPE 4

Dans une poêle chaude, verse 15 cl d'huile de tournesol ou d'huile d'olive, laisse bien chauffer, puis dépose les poissons et laisse colorer à feu vif sur toutes les faces sans cuire, pour atteindre juste une coloration blonde. Dépose les poissons panés sur une assiette avec un papier absorbant, puis taille-les en tranches de 0,5 cm.

### ÉTAPE 5

Fais cuire le riz *al dente* dans une casserole d'eau bouillante salée, environ 10 minutes. Égoutte-le et ajoute un peu d'huile d'olive. Répartis-le dans les assiettes, ajoute les dés de mangue, dépose les tranches de poisson dessus, verse la vinaigrette sésame oignon en évitant de recouvrir le poisson (tu ne verras plus la cuisson sinon), râpe du citron vert si tu en as et parsème de feuilles de coriandre.

**CONSEIL:**
Conserve les parures de la mangue pour une autre préparation comme une salade de fruits ou mets-les au congélateur dans une boîte pour une recette de smoothie bowl glacé.

**FAIT MAISON** SALÉ

# BOUILLON DE NOUILLES, ŒUF MOLLET ET LARD

TEMPS DE PRÉPARATION : 20 MINUTES - TEMPS DE CUISSON : 15 MINUTES

### POUR 4 PERSONNES

240 g de nouilles de blé ou taglioni
4 tranches de lard paysan épaisses d'1 cm
4 œufs
200 g de shiitakés frais
ou de champignons de Paris lavés
50 g de gingembre frais
1 gousse d'ail
3 oignons nouveaux avec un peu de vert
20 cl de bouillon cube
4 cl de vinaigre de riz
4 cl de vin blanc
20 cl de sauce soja
1 pincée de sucre
Huile d'olive
Sel fin et poivre du moulin

### ÉTAPE 1

Épluche le gingembre, râpe-le à
la Microplane®, puis hache-le au couteau
car il y a quelquefois des fibres.
Garde bien le jus qui s'est écoulé. Lave les
oignons nouveaux et émince-les finement.
Épluche et dégerme la gousse d'ail.

### ÉTAPE 2

Dans une casserole, verse le bouillon
avec le vinaigre de riz, le vin blanc, la sauce
soja, fais chauffer à feu doux 4 minutes,
retire du feu, puis ajoute le sucre, le
gingembre et la gousse d'ail, laisse reposer
dans un petit saladier.

### ÉTAPE 3

Fais cuire les œufs mollets 6 minutes.
Au terme de la cuisson, plonge-les dans
un bain d'eau glacée et écale-les dans l'eau.

Dépose-les dans le petit saladier où se
trouve la préparation de sauce soja, les œufs
doivent être complètement immergés.
Garde de côté à température ambiante.

### ÉTAPE 4

Taille les tranches de lard en lardons épais,
lave les champignons et taille-les
en quartiers.

### ÉTAPE 5

Dans une casserole d'eau bouillante,
plonge les nouilles ou pâtes fines, laisse-les
cuire 5 minutes, égoutte-les sans jeter
l'eau de cuisson et sans les refroidir,
puis verse-les dans un saladier avec 1 à
2 cuillerées de bouillon des œufs et ajoute
de l'eau de cuisson des pâtes.

### ÉTAPE 6

Pendant la cuisson des pâtes, dans une poêle
chaude, verse un trait d'huile d'olive, ajoute
les shiitakés et fais-les cuire quelques minutes
sans sel, juste pour retirer l'eau naturelle,
donne une légère coloration, verse-les dans
une assiette et mets-les de côté. Fais cuire
ensuite dans la même poêle les lardons
jusqu'à ce qu'ils soient bien colorés et
fondants. Dépose-les sur une assiette avec
un papier absorbant.

### ÉTAPE 7

Verse les pâtes et le bouillon dans le plat,
les champignons, les lardons à côté, les œufs
mollets coupés en deux et enfin les oignons.

**FAIT MAISON** SALÉ

# PAD THAÏ

TEMPS DE PRÉPARATION : 20 MINUTES - TEMPS DE TREMPAGE POUR LES PÂTES : 1 HEURE
TEMPS DE CUISSON : 10 MINUTES

## POUR 4 PERSONNES

300 g de vermicelles de riz
ou nouilles de riz
2 blancs de poulet
10 crevettes crues
2 oignons cébettes
3 gousses d'ail
2 œufs
250 g de pousses de soja
50 g de cacahuètes non salées
1 citron vert
Huile de tournesol

**Pour la sauce :**
10 cl de sauce nuoc-mâm
50 g de sucre en poudre
100 g de pâte de tamarin
1,5 cl de vinaigre de riz blanc
2 cuil. à soupe de sauce
de piment sriracha
1 cuil. à soupe de sauce soja

## CONSEIL

Pour les ingrédients spécifiques
de cette recette, tu pourras
les trouver en épicerie asiatique,
fine ou bio.

### ÉTAPE 1
Plonge les vermicelles ou les nouilles de riz
dans un bain d'eau tiède pendant 1 heure.

### ÉTAPE 2
Prépare la sauce dans un bol : verse la sauce
nuoc-mâm avec le sucre, la pâte de tamarin,
le vinaigre de riz, le piment sriracha et
la sauce soja. Réserve.

### ÉTAPE 3
Détaille le poulet en cubes. Décortique et
déboyaute les crevettes en les fendant sur le dos.
Épluche l'ail et hache-le. Émince les cébettes.
Concasse les cacahuètes.

### ÉTAPE 4
Dans une poêle ou un wok chaud, verse un trait
d'huile et fais cuire l'ail haché 2 minutes sans
coloration, ajoute le poulet. Laisse colorer quelques
minutes. Pousse la viande sur un côté et verse
les œufs battus et commence à cuire comme des
œufs brouillés. Intègre ensuite les pâtes égouttées
et les pousses de soja, les oignons et la moitié
des cacahuètes, continue à cuire sur feu moyen,
environ 5 minutes. Incorpore enfin les crevettes
et la sauce. Mélange bien.

### ÉTAPE 5
Sers avec des quartiers de citron vert et parsème
de cacahuètes concassées.

**FAIT MAISON** SALÉ

# CURRY JAPONAIS DE LÉGUMES

TEMPS DE PRÉPARATION : 30 MINUTES - TEMPS DE CUISSON : 50 MINUTES

### POUR 4 PERSONNES

400 g de riz basmati cuit
150 g de petits pois
3 carottes
3 pommes de terre
4 navets
1 pomme
1 oignon
15 g de gingembre frais
1,5 l de bouillon de légumes
50 g de beurre
50 g de farine
Huile d'olive
Sel fin

**Pour le mélange d'épices :**
1 cuil. à café de coriandre en poudre
1 cuil. à café de cumin en poudre
½ cuil. à café de cannelle en poudre
2 cuil. à café de curcuma en poudre
1 pincée de muscade râpée
1 cuil. à café de piment en poudre
1 cuil. à café d'anis vert ou sauvage
1 cuil. à café de curry en poudre
1 cuil. à café de cacao en poudre

### ÉTAPE 1

Fais cuire les petits pois à l'eau bouillante salée 6 minutes. Au terme de la cuisson, égoutte-les et plonge-les dans un bain d'eau glacée. Garde-les de côté.

### ÉTAPE 2

Lave et épluche les légumes. Découpe les carottes selon la méthode japonaise « rangiri », c'est-à-dire en gros morceaux taillés en biseau vers la gauche, puis vers la droite.

Coupe les navets en quartiers et les pommes de terre en gros cubes. Détaille la pomme non épluchée (mais lavée) en lamelles de 2 mm, puis en bâtonnets fins d'1 à 2 mm de large. Épluche et hache l'oignon et le gingembre.

### ÉTAPE 3

Dans une cocotte chaude, verse un trait d'huile d'olive, et mets les oignons, le gingembre et la pomme râpée. Mélange, ajoute les carottes, les navets et les pommes de terre. Sale, fais revenir 10 minutes à feu moyen, mélange à nouveau, puis verse à hauteur le bouillon, laisse mijoter 20 minutes à feu doux, à découvert.

### ÉTAPE 4

Dans une casserole chaude, sur feu doux, fais fondre le beurre, laisse-le brunir légèrement, ajoute la farine, mélange et fais cuire 5 à 7 minutes. Verse ensuite ton mélange d'épices, et mélange bien le tout pour former le roux de curry, laisse encore cuire 6 minutes.

### ÉTAPE 5

Récupère du bouillon de cuisson des légumes, mélange avec le roux de curry, puis verse petit à petit sur les légumes. Laisse épaissir 10 minutes à feu doux. Intègre les petits pois. Laisse cuire 5 minutes.

### ÉTAPE 6

Dans les assiettes creuses, répartis 1 cuillerée de riz chaud et le curry de légumes.

**CONSEIL :**
Si c'est la saison, prends des pommes de terre nouvelles et garde-les entières si elles ne sont pas trop grosses.

FAIT MAISON SALÉ

# CÔTELETTES D'AGNEAU CHIMICHURRI, PETITS POIS

TEMPS DE PRÉPARATION : 20 MINUTES - TEMPS DE CUISSON : 10 MINUTES

### POUR 4 PERSONNES

12 côtelettes d'agneau
350 g de petits pois
Quelques amandes
20 g de beurre
Huile d'olive
Gros sel
Sel fin et poivre du moulin

**Pour le chimichurri :**
½ botte de persil plat
¼ de botte de coriandre
¼ de botte de menthe
6 gousses d'ail
20 cl d'huile d'olive
Tabasco® vert
2 pincées de cumin en poudre
Le jus d'1 citron jaune
1 orange bio

### CONSEIL

Tu peux également préparer
cette recette avec du veau,
du poisson et même du bœuf.

### ÉTAPE 1

Dans le mixeur, verse les herbes effeuillées
avec l'ail pelé et dégermé, commence à mixer,
ajoute l'huile d'olive, le Tabasco®, le cumin,
le jus de citron et le zeste de l'orange, mixe.
Réserve dans un ramequin.

### ÉTAPE 2

Fais cuire les petits pois à l'eau bouillante salée
6 minutes. Au terme de la cuisson, égoutte-les
et plonge-les dans un bain d'eau glacée.
Garde-les de côté.

### ÉTAPE 3

Dans une poêle, verse un trait d'huile, assaisonne
les côtelettes avec du sel et du poivre et fais-les
dorer à feu vif, ajoute un morceau de beurre,
arrose-les. Quand elles sont à la cuisson souhaitée,
dépose-les dans une assiette.

### ÉTAPE 4

Pendant la cuisson des côtelettes, fais chauffer
dans une sauteuse un morceau de beurre et
les petits pois, déglace-les avec le jus de l'orange,
mélange bien et laisse chauffer. Assaisonne
avec du sel fin.

### ÉTAPE 5

Dépose dans chaque assiette 1 cuillerée de
chimichurri, ajoute 3 côtelettes, verse les petits
pois, puis parsème d'amandes préalablement
concassées.

**FAIT MAISON** SALÉ

# COUSCOUS DE LÉGUMES, BEIGNETS DE DATTES À LA RICOTTA

TEMPS DE PRÉPARATION : 30 MINUTES - TEMPS DE CUISSON : 40 MINUTES

## POUR 4 PERSONNES

200 g de semoule fine
2 carottes
2 courgettes beurre
1 oignon
1 tomate
4 navets
½ citron jaune bio
½ chou-fleur
½ brocoli
1 cube de bouillon de légumes
1 bocal de pois chiches cuits
200 g de fèves écossées
100 g de pistaches
1 poignée de raisins blonds
Huile d'olive
Ras-el-hanout
Curcuma moulu
Sel fin et poivre du moulin

### ÉTAPE 1

Lave les légumes et épluche-les. Émince l'oignon finement, taille les carottes et les courgettes en bâtonnets, la tomate, les navets et le citron en quartiers.

### ÉTAPE 2

Dans une cocotte chaude, verse un trait d'huile d'olive, ajoute les carottes et les navets, laisse revenir avec une légère coloration, ajoute ensuite l'oignon, les courgettes et laisse suer quelques minutes à feu vif. Assaisonne avec du sel et du ras-el-hanout, intègre la tomate et le citron, verse de l'eau à hauteur des légumes, baisse à feu doux et laisse cuire 15 minutes à couvert.

### ÉTAPE 3

Préchauffe le four à 100 °C. Prépare le bouillon de légumes dans une casserole. Dans un plat allant au four, mélange à la main la semoule avec de l'huile d'olive, 1 pincée de curcuma et du sel fin. Verse le bouillon chaud à ras sur la semoule, couvre avec du film alimentaire et enfourne pour 15 minutes.

### ÉTAPE 4

Râpe à l'aide d'une Microplane® le haut du chou-fleur et du brocoli, garde de côté.

*(suite de la recette, page suivante)*

FAIT MAISON SALÉ

*(suite de la recette)*

## COUSCOUS DE LÉGUMES, BEIGNETS DE DATTES À LA RICOTTA

**Pour les beignets de dattes :**
8 dattes medjool
100 g de farine
15 g de levure chimique
50 g de fécule de maïs
1 œuf
12,5 cl d'eau
75 g de fromage blanc
100 g de ricotta
Quelques feuilles de menthe
Huile de friture
Sel fin et poivre du moulin

### ÉTAPE 5

Épluche et dénoyaute les dattes sans les fendre entièrement. Dans un saladier, mélange la farine, la levure, la fécule, l'œuf, l'eau et le fromage blanc. À part, mélange la ricotta avec la menthe hachée, sale et poivre. Farcis les dattes avec ce mélange, referme-les et plonge-les dans l'appareil à beignets avant de les faire frire dans l'huile chaude quelques minutes. Dépose-les ensuite sur un papier absorbant et sale-les.

### ÉTAPE 6

Torréfie quelques minutes les pistaches dans une poêle bien chaude à sec, ou au four, puis concasse-les grossièrement.

### ÉTAPE 7

Sors la semoule du four, mélange-la avec le chou-fleur et le brocoli râpés dans un grand plat. Ajoute les pois chiches égouttés. Dépose dessus les pistaches, les raisins et les beignets de dattes coupés en deux. Sers les légumes dans un second plat avec les fèves dessus.

FAIT MAISON SALÉ

# MA BOUILLABAISSE

TEMPS DE PRÉPARATION : 20 MINUTES - TEMPS DE CUISSON : 30 MINUTES

### POUR 4 PERSONNES

4 pavés de poisson blanc
type cabillaud
200 g de morceaux
de poisson de roche
200 g de pâtes longues
à la farine d'épeautre ou autre
farine sans gluten
3 tomates
¼ de fenouil
1 oignon
10 g de gingembre frais
1 gousse d'ail
1 tige de citronnelle
10 cl de vin blanc
3 cuil. à soupe de Ricard®
1 zeste de citron jaune bio
1 zeste d'orange bio
¼ de botte de mélisse
(ou de persil plat ou de menthe)
Safran en poudre
3 cuil. à soupe de sauce soja
20 g de beurre
12 gros croûtons frottés à l'ail
Huile d'olive
Sel fin et poivre du moulin

### Pour la sauce rouille :
1 œuf mollet
5 cl de bouillon de bouillabaisse
réalisé à l'étape 2
50 g de câpres
100 g de pulpe de pommes
de terre bien cuites à l'eau
1 cuil. à soupe de wasabi en tube
(ou de moutarde)
10 cl d'huile neutre
10 cl d'huile de sésame

### ÉTAPE 1
Lave et détaille les tomates et le fenouil en cubes.
Épluche l'oignon et le gingembre et coupe-les
en dés. Épluche et dégerme l'ail. Découpe la tige
de citronnelle en biseau.

### ÉTAPE 2
Dans une cocotte chaude, verse un trait d'huile d'olive,
dépose l'oignon, le fenouil, la citronnelle, le gingembre,
l'ail, fais suer sans coloration, ajoute ensuite les morceaux
de poisson de roche, puis laisse s'évaporer l'eau de
cuisson. Déglace au vin blanc, laisse réduire quelques
minutes à feu moyen, puis ajoute le Ricard®, les zestes
d'agrumes, les herbes effeuillées, les tomates, mélange,
mouille avec 25 cl d'eau, ajoute la poudre de safran, du sel
et du poivre. Laisse mijoter 20 minutes sur feu doux.

### ÉTAPE 3
Pendant la cuisson de la soupe, dans le mixeur,
dépose l'œuf mollet avec le bouillon de bouillabaisse,
commence à mixer, ajoute les câpres, la pulpe de pommes
de terre (c'est mieux si elle est chaude) et le wasabi.
Verse le mélange d'huiles et finis de mixer. Réserve.

### ÉTAPE 4
Dans une casserole d'eau bouillante, plonge les pâtes
environ 5 minutes (si c'est de la farine d'épeautre car
les pâtes sont plus fragiles), égoutte-les et mélange-les
avec la sauce soja et le beurre dans un saladier.
Passe la soupe à la passoire dans une sauteuse, dépose
dedans les pavés de poisson et laisse cuire 5 minutes.

### ÉTAPE 5
Répartis les pâtes dans les assiettes. Dessus, dépose
les pavés de poisson cuits, les gros croûtons.
Sers à part la sauce rouille et la soupe, ou verse-la
directement sur les poissons.

**FAIT MAISON** SALÉ

# CREVETTES CURRY COCO

TEMPS DE PRÉPARATION : 20 MINUTES - TEMPS DE CUISSON : 12 MINUTES

### POUR 4 PERSONNES

500 g de crevettes type gambas
crues décortiquées
½ cuil. à café de curcuma
en poudre
5 cl d'huile d'olive
1 tomate
1 oignon
4 gousses d'ail
3 feuilles de laurier
½ bâton de cannelle
4 gousses de cardamome verte
1 cuil. à café de graines
de fenugrec
1 cuil. à café de curry
1 cuil. à café de piment en poudre
1 cuil. à café de gingembre
frais haché
20 cl de lait de coco
Le jus d'½ citron jaune
1 cuil. à café de piment en
poudre pour la déco
Quelques feuilles de coriandre
Huile de pépins de raisin
ou d'olive pour la cuisson
Sel et poivre du moulin

### CONSEILS

• Si tu veux, tu peux servir
un quartier de citron vert à
la place du jus de citron.

• Tu peux remplacer les feuilles
de laurier par des feuilles
de curry.

### ÉTAPE 1

Dans un plat, fais mariner les crevettes avec
1 cuillerée à café de sel, quelques tours de moulin
à poivre, le curcuma et 5 cl d'huile d'olive.
Garde de côté.

### ÉTAPE 2

Lave et coupe la tomate en dés. Épluche et
cisèle l'oignon et l'ail.

### ÉTAPE 3

Dans une cocotte chaude, verse un trait d'huile,
fais suer les feuilles de laurier, le bâton de cannelle,
les graines de cardamome, les graines de fenugrec,
le piment et le curry, remue à feu doux quelques
minutes. Ajoute l'oignon, l'ail et le gingembre.
Laisse cuire quelques minutes. Intègre les tomates
en dés, continue à cuire sur feu moyen.
Verse la marinade de crevettes, colore les faces,
puis verse le lait de coco, assaisonne avec du sel.
Laisse cuire sur feu doux 7 minutes.

### ÉTAPE 4

Hors du feu, verse le jus de citron. Répartis
les crevettes dans les assiettes et passe la sauce
à travers une passette en écrasant les aromates
à l'aide d'une louche. Parsème de piment en poudre.
Ajoute des feuilles de coriandre.

**CONSEIL :**
Tu peux trouver la pâte de tahini dans les magasins bio ou les épiceries fines.

**FAIT MAISON** SALÉ

# MIJOTÉ DE VEAU AUX ÉPICES, SAUCE THINA

TEMPS DE PRÉPARATION : 20 MINUTES · TEMPS DE CUISSON : 40 MINUTES

### POUR 4 PERSONNES

700 g de viande de veau hachée
1 aubergine
1 oignon
3 gousses d'ail
100 g de mélange de pistaches
et de pignons de pin
1 cuil. à café de cumin en graines
ou en poudre
1 cuil. à café de paprika
en poudre
1 cuil. à café de curcuma
en poudre
1 cuil. à café de harissa
200 g de sauce tomate réduite
Huile d'olive

**Pour la sauce thina :**
150 g de pâte de tahini
5 cl de jus de citron jaune
10 cl d'eau
Sel fin

### CONSEIL

Si tu veux, tu peux mélanger
un peu de sauce thina avec
du yaourt grec et 1 cuillerée
à soupe d'huile d'olive.
Dépose 1 cuillerée sur chaque
mijoté et, si tu en possèdes au
frais, quelques gouttes de pesto
au basilic ou autre pesto.

### ÉTAPE 1
Retire le pédoncule de l'aubergine, coupe-la en
tranches d'1 cm d'épaisseur, puis en cubes. Épluche
l'oignon et l'ail. Cisèle l'oignon, dégerme et coupe
l'ail en morceaux.

### ÉTAPE 2
Dans une cocotte, verse un trait d'huile d'olive,
ajoute les dés d'aubergine, puis l'oignon, laisse suer
avec une légère coloration. Intègre les pistaches
concassées avec les pignons préalablement toastés,
puis les épices, l'ail, et finis par la viande.
Laisse le jus de cuisson s'évaporer sur feu moyen,
à découvert. Incorpore ensuite la sauce tomate
et laisse mijoter 20 minutes à couvert, puis
10 minutes à découvert jusqu'à ce que la viande
soit bien confite.

### ÉTAPE 3
Dans un bol, mélange la pâte de tahini avec le jus
de citron et l'eau. Ajoute du sel si besoin. Réserve.

### ÉTAPE 4
Dans les assiettes, verse 1 à 2 cuillerées de sauce,
étale-la sur le tour de l'assiette, puis verse le mijoté
de veau au centre. Sers bien chaud.

FAIT MAISON SALÉ

# AUBERGINES FARCIES
# AUX POIVRONS ET BŒUF

TEMPS DE PRÉPARATION : 20 MINUTES - TEMPS DE CUISSON : 30 MINUTES

### POUR 4 PERSONNES

400 g de viande hachée de bœuf
2 grosses aubergines
2 poivrons rouges
1 oignon
1 gousse d'ail
1 brin de thym
300 g de sauce tomate
100 g de chapelure
Curry en poudre
25 g de beurre
Huile d'olive
Sel fin et poivre du moulin

### ÉTAPE 1

Préchauffe le four à 200 °C. Passe les aubergines sous l'eau, coupe le pédoncule, puis coupe-les en trois dans la longueur, soit 1 tranche d'1,5 cm au centre, et garde de côté la tranche du centre. Assaisonne les 4 tranches extrêmes avec du sel fin et du curry en poudre. Dans une poêle chaude, verse un trait d'huile d'olive et colore ces tranches côté chair, quelques minutes à feu vif. Quand elles sont bien dorées, dépose-les, côté chair vers le haut, sur une plaque de cuisson recouverte de papier sulfurisé ou dans un plat. Enfourne pour 10 minutes.

### ÉTAPE 2

Coupe en cubes de 0,5 cm de côté les tranches d'aubergine restantes.
Retire au couteau le pédoncule des poivrons, coupe-les en quatre, épluche-les, puis

détaille-les en petits cubes. Épluche et cisèle l'oignon. Garde tout séparément.

### ÉTAPE 3

Dans une sauteuse chaude, verse un trait d'huile d'olive, ajoute l'oignon, les poivrons, les cubes d'aubergine, l'ail pelé et le thym, mélange et laisse colorer 5 minutes, débarrasse dans un plat.

### ÉTAPE 4

Dans la sauteuse, fais revenir la viande salée et poivrée, à feu vif, 6 minutes pour qu'elle caramélise, puis verse la sauce tomate et les légumes, mélange le tout et laisse cuire 15 minutes à couvert, à feu moyen, jusqu'à ce que l'ensemble réduise et confise.

### ÉTAPE 5

Sors les aubergines du four, creuse la chair tout du long avec une cuillère, dépose de la viande bien réduite en sauce, après avoir retiré l'ail et le thym, saupoudre de chapelure et ajoute 1 noix de beurre. Enfourne les aubergines farcies jusqu'au moment de déguster pour que cela croustille.

### CONSEIL

Si tu n'as pas de chapelure, tu peux utiliser des biscottes émiettées.

**FAIT MAISON** SALÉ

# POULET BASQUAISE, RIZ CUISINÉ ET CRÈME DE CHORIZO

TEMPS DE PRÉPARATION : 25 MINUTES - TEMPS DE CUISSON : 1 HEURE

### POUR 4 PERSONNES

4 blancs de poulet avec la peau
150 g de chorizo
6 cl de bouillon cube
12 cl de crème liquide entière
2 poivrons jaunes
2 poivrons rouges
1 oignon
1 gousse d'ail
15 cl de vin blanc
250 g de tomates concassées
Quelques feuilles de persil
Huile d'olive
Piment d'Espelette
Sel fin et poivre du moulin

**Pour le riz :**
150 g de riz basmati
80 g de tomates confites
2 pincées de paprika
40 cl d'eau
Huile d'olive
Sel fin

### ÉTAPE 1

Préchauffe le four à 200 °C. Dans le blender, mixe les pétales de tomate confite avec de l'huile d'olive ou l'huile du pot des tomates et 1 cuillerée d'eau si besoin pour obtenir une préparation bien lisse. Dans un saladier, mélange le riz avec la purée de tomates obtenue, le paprika et l'eau, assaisonne avec du sel fin. Verse dans un plat de cuisson. Enfourne pour 20 minutes sans remuer.

### ÉTAPE 2

Dans une casserole, fais bouillir le bouillon avec la crème, ajoute 50 g de chorizo haché, laisse chauffer 8 minutes. Verse à travers une passette au-dessus d'une seconde casserole (réserve le chorizo dans la passette). Coupe le reste du chorizo en dés.

### ÉTAPE 3

Coupe le poulet en gros cubes. Épluche et émince l'oignon et les poivrons séparément. Épluche et dégerme l'ail. Dans une sauteuse ou une cocotte chaude, fais chauffer un trait d'huile d'olive, dépose le poulet salé et poivré, laisse-le colorer sur toutes les faces, puis retire-le et réserve-le dans une assiette. Verse l'oignon, laisse-le colorer, ajoute l'ail et les poivrons, assaisonne avec du sel et du piment d'Espelette, puis laisse cuire avec une légère coloration, quelques minutes à feu vif. Baisse le feu, déglace au vin blanc, laisse réduire et cuire encore 5 à 6 minutes, mélange et verse les tomates concassées. Continue à cuire sur feu doux 5 minutes, puis remets le poulet dans la cocotte, mélange délicatement et laisse mijoter à couvert 15 minutes. Quand le poulet est cuit, intègre le chorizo haché et en dés.

### ÉTAPE 4

Au terme de la cuisson du poulet, dépose le riz dans un plat, ajoute un peu de persil haché. Dans un second plat, verse le poulet avec les poivrons en sauce et la crème de chorizo à part : chacun fera son assiette.

**CONSEIL :**
Si ton plat de cuisson est haut,
tu peux ajouter aussi des moules crues :
retire le couvercle, elles s'ouvriront
en fin de cuisson. Sinon,
si ton plat de cuisson est plat,
fais-les ouvrir en marinière avant
de les intégrer à ta paella.

FAIT MAISON SALÉ

# PAELLA

TEMPS DE PRÉPARATION : 20 MINUTES - TEMPS DE CUISSON : 35 MINUTES

**POUR 4 PERSONNES**

450 g de riz arborio (ou de riz bomba)
2 blancs de poulet
1 morceau de chorizo fort
8 crevettes entières crues
1 gousse d'ail
1 poivron rouge
1 piment jalapeño vert
3 cuil. à soupe de purée de
pimientos del piquillo
1,5 litre de bouillon cube (ou bouillon
de crustacés ou de légumes)
Huile d'olive
Safran en poudre ou en pistils
Sel fin

## ÉTAPE 1

Taille les blancs de poulet en en petits cubes
et garde-les de côté. Coupe le morceau
de chorizo en dés ou en rondelles de 3 mm
d'épaisseur. Garde-les au frais. Épluche et
hache l'ail. Épluche le poivron et taille-le
en cubes de 0,5 cm de côté. Épépine de
piment jalapeño vert et hache-le.

## ÉTAPE 2

Dans une grande poêle chaude, fais revenir
les crevettes entières dans de l'huile d'olive
à feu vif pendant 1 minute sur les deux faces.
Retirez-les.

## ÉTAPE 3

Dans la même poêle, fais revenir à l'huile
d'olive l'ail haché avec les dés de poivron
et de piment jalapeño, mélange 3 minutes
sur feu moyen, ajoute les cubes de poulet et
colore-les pendant 2 à 3 minutes. Ajoute
la purée de pimientos del piquillo, puis verse

le riz, mélange de nouveau pour colorer
le riz. Sale, verse le bouillon à hauteur, porte
à ébullition 2 à 3 minutes afin que le riz se
gorge de bouillon sans mélanger, baisse
le feu et verse de nouveau du bouillon, ajoute
le safran en poudre ou en pistils. Laisse cuire
12 minutes à feu doux sans mélanger.
Une croûte se formera au fond.

## ÉTAPE 4

Dépose les crevettes en rosace sur
le dessus et laisse cuire 7 minutes.
Plus tu laisseras cuire lentement le plat
sur feu doux, plus la consistance sera
onctueuse. Tu peux ajouter encore 1 louche
de bouillon par-dessus, sans mélanger.

## ÉTAPE 5

Répartis les dés ou les rondelles de chorizo
sur le dessus et sers.

## CONSEILS

• Au début de la cuisson, tu peux laisser
les blancs de poulet coupés en cubes,
avec des calamars en gros cubes et les
poivrons et mettre des tomates concassées
ou du concentré à la place de la purée
de pimientos del piquillo.

• Si tu as des petits pois frais et crus,
tu peux les ajouter à ce moment-là.
S'ils sont cuits, intègre-les au moment
de la cuisson du riz.

• À la fin, tu peux ajouter des langoustines
préalablement cuites comme les crevettes.

FAIT MAISON
# SUCRÉ

**FAIT MAISON** SUCRÉ

# CRÈME CARAMEL
# À LA VANILLE ET FÈVE TONKA

TEMPS DE PRÉPARATION : 15 MINUTES - TEMPS DE CUISSON : 20 MINUTES
TEMPS DE RÉFRIGÉRATION : 8 HEURES

## POUR 4 PERSONNES

120 g de sucre pour le caramel
+ 70 g pour la crème aux œufs
1 cuil. à soupe d'eau
20 cl de lait entier
20 cl de crème liquide entière
1 gousse de vanille
1 fève tonka
3 œufs

### ÉTAPE 1
Préchauffe le four à 170 °C.

### ÉTAPE 2
Dans une casserole, verse 120 g de sucre
avec 1 cuillerée à soupe d'eau et laisse cuire
quelques minutes à feu moyen, sans remuer,
pour réaliser un caramel blond, verse-le
dans le fond des ramequins.

### ÉTAPE 3
Verse le lait et la crème dans une casserole.
Fends la gousse de vanille en deux et gratte-la
pour récupérer la pulpe, ajoute-la dans la casserole.
Râpe également un peu de fève tonka.
Fais bouillir, puis coupe le feu et laisse infuser.

### ÉTAPE 4
Dans un saladier, fouette les œufs avec les 70 g
de sucre restant. Verse dessus le mélange lait
et crème chaud, fouette, puis répartis dans les
ramequins. Enfourne pour 20 minutes.

### ÉTAPE 5
À la sortie du four, laisse refroidir les crèmes,
puis place-les au réfrigérateur pendant 1 nuit.

**CONSEILS**

La fève tonka donnera
une légère saveur caramel à tes crèmes.
Tu peux la remplacer par de la cannelle
ou de la fleur d'oranger.
Il est idéal de déguster ces crèmes
après 8 heures de réfrigération.

**CONSEILS :**

• Tu peux préparer les soufflés l'après-midi pour les cuire et les servir le soir même. Ça ne fonctionne qu'avec les soufflés au chocolat (car ce n'est pas très liquide).

• Tu peux parfumer le sucre (cannelle, zeste d'orange séché, sucre vanillé…) que tu utilises pour chemiser les moules.

**FAIT MAISON** SUCRÉ

# SOUFFLÉ AU CHOCOLAT, RIZ SOUFFLÉ CARAMÉLISÉ

TEMPS DE PRÉPARATION : 20 MINUTES - TEMPS DE CUISSON : 10 MINUTES

## POUR 4 PERSONNES

250 g de chocolat noir
50 g de beurre
8 blancs d'œufs
80 g de sucre
3 jaunes d'œufs
Beurre et sucre pour les moules
Poivre noir du moulin

**Pour le riz soufflé caramélisé :**

50 g de riz soufflé
100 g de sucre
1 pincée de fleur de sel

## ÉTAPE 1

À l'aide d'un pinceau, beurre des moules à soufflés de bas en haut sans jamais faire de cercles si tu veux que les soufflés montent bien droit. Puis verse du sucre, remue les moules pour qu'il se répartisse bien partout et tape-les afin de retirer l'excédent de sucre. Garde les moules de côté ou au frais.

## ÉTAPE 2

Dans un bain-marie ou au micro-ondes, fais fondre le chocolat et ajoute le beurre, parfume au poivre. Laisse refroidir. Préchauffe le four à 180 °C.

## ÉTAPE 3

Verse les blancs d'œufs dans un saladier et commence à les monter en neige. Quand ils deviennent mousseux, verse un peu de sucre, continue de monter en intégrant le reste du sucre. Quand les blancs sont au bec d'oiseau, verse les jaunes d'œufs et donne un seul tour de batteur. Laisse-les de côté.

## ÉTAPE 4

Dans un grand saladier, verse la préparation chocolatée, incorpore à la maryse un quart des blancs montés, puis une autre partie, et enfin reverse le tout dans le reste des blancs délicatement pour éviter de casser l'appareil. À l'aide d'une écumoire, transfère la préparation dans une poche sans douille, coupe le bout aux ciseaux et remplis les moules jusqu'en haut du moule. Lisse à l'aide d'une spatule coudée si tu en as une, d'une spatule ou d'un couteau, puis fais le tour des moules en formant une bordure, pouce et index serrés. Nettoie les moules s'ils sont tachés.

## ÉTAPE 5

Dépose les moules sur une plaque à pâtisserie, enfourne pour 10 minutes sans jamais ouvrir le four.

## ÉTAPE 6

Dans une casserole à feu moyen, fais fondre le sucre sans remuer jusqu'au caramel blond, ajoute les grains de riz soufflé, mélange délicatement, intègre la fleur de sel et étale sur une feuille de silicone ou un papier sulfurisé. Laisse refroidir.

## ÉTAPE 7

Sors les soufflés du four. Casse le riz caramélisé et répartis-le dessus.

**CONSEILS :**
Tu peux servir ce moelleux chaud ou froid. Tu peux le déguster avec 1 cuillerée de crème fraîche épaisse ou avec un miel blanc cristallisé.

**FAIT MAISON** SUCRÉ

# MOELLEUX AUX POMMES
# ET À LA CANNELLE

TEMPS DE PRÉPARATION : 15 MINUTES - TEMPS DE CUISSON : 40 MINUTES

### POUR 4 PERSONNES

2 pommes
165 g de cassonade
1 œuf
20 cl de lait
170 g de farine
1 cuil. à café de jus
de citron jaune
1 gousse de vanille
½ cuil. à café de bicarbonate
de soude
50 g de sucre
2 bonnes pincées
de cannelle en poudre
45 g de beurre
+ pour le moule

### ÉTAPE 1

Épluche et taille les pommes en fines lamelles
de 2 mm de large, puis rassemble les lamelles les
unes sur les autres et retaille en bâtonnets
de 0,5 cm de large. Garde-les dans un saladier.

### ÉTAPE 2

Préchauffe le four à 185 °C.
Fends la gousse de vanille dans la longueur,
gratte-la et récupère la pulpe.

### ÉTAPE 3

Dans un second saladier, fouette la cassonade
avec l'œuf, ajoute un peu de lait et un peu de farine,
mélange au fouet, verse encore un peu de lait
et intègre enfin toute la farine et le reste du lait.
Incorpore le jus de citron, la pulpe de la vanille,
le bicarbonate de soude. Mets les pommes,
mélange à la spatule. Verse la pâte dans un moule
à gratin beurré.

### ÉTAPE 4

Mélange le sucre, la cannelle et le beurre
préalablement fondu et verse le tout sur la pâte.
Enfourne pour 40 minutes.

**FAIT MAISON** SUCRÉ

# PALMIERS À LA CANNELLE

TEMPS DE PRÉPARATION : 10 MINUTES - TEMPS DE CUISSON : 20 MINUTES

POUR 4 PERSONNES (14 À 16 PIÈCES)

1 rouleau de pâte feuilletée
50 g de sucre
Cannelle en poudre

### ÉTAPE 1

Dépose la pâte feuilletée bien froide sur le plan de travail saupoudré de sucre, retourne la pâte, saupoudre de sucre à nouveau, puis de cannelle en poudre.

### ÉTAPE 2

Plie en deux, déplie, puis plie des deux côtés, pour marquer la pâte. Replie ensuite chaque moitié pour obtenir 3 plis de chaque côté. Quand tu as fait cette opération, plie les bords, un premier pli de chaque côté, puis un deuxième pli, puis un troisième et rejoins ainsi le centre. Il faut qu'il y ait assez de sucre sur tout l'ensemble de la pâte.

### ÉTAPE 3

Préchauffe le four à 180 °C.
Coupe en deux le boudin de pâte obtenu, puis taille des deux côtés des tranches de 2 cm d'épaisseur, dépose-les en quinconce sur une plaque à pâtisserie antiadhésive (sans matière grasse ni papier sulfurisé). S'il te reste des palmiers crus, mets-les au frais en attendant de les cuire.

### ÉTAPE 4

Enfourne-les pour 20 minutes. À la sortie du four, dépose délicatement les palmiers sur une grille pour qu'ils refroidissent.

FAIT MAISON SUCRÉ

**CONSEIL**

Si tu veux des palmiers à un autre parfum, troque la cannelle pour les graines d'1 gousse de vanille, 1 fève tonka râpée, ou encore de la poudre d'anis.

**FAIT MAISON** SUCRÉ

# RIZ AU LAIT À LA VANILLE

TEMPS DE PRÉPARATION : 10 MINUTES - TEMPS DE CUISSON : 25 MINUTES
TEMPS DE RÉFRIGÉRATION : 1 HEURE

## POUR 4 PERSONNES

120 g de riz rond
50 cl de lait entier + 3 cuil.
à soupe pour la fin de cuisson
45 g de sucre semoule
2 gousses de vanille
1 pincée de fleur de sel

## CONSEILS

• Déguste ce riz au lait froid
ou tiède.

• Garde bien les gousses
de vanille grattées pour faire
du sucre vanillé.

### ÉTAPE 1

Dans une casserole d'eau bouillante, verse le riz
et fais-le cuire 2 minutes pour ouvrir les grains.
Égoutte le riz, mais sans le rincer afin de
garder l'amidon.

### ÉTAPE 2

Dans une seconde casserole, verse le lait
avec le sucre, ajoute la pulpe des gousses de vanille
fendues et grattées. (Tu peux aussi mettre les
gousses.) Porte à ébullition. Verse aussitôt le riz
que tu as cuit à l'eau. Porte de nouveau à ébullition,
puis baisse le feu pour cuire à petit frémissement
pendant 20 minutes sans cesser de remuer
en faisant des 8, et récupère les sucs de cuisson
sur les bords de la casserole.

### ÉTAPE 3

Au terme de la cuisson, incorpore le lait froid
pour arrêter la cuisson et sale avec la fleur de sel.
Verse dans un plat ou dans des ramequins et place
au frais au moins 1 heure avant de déguster.

**FAIT MAISON** SUCRÉ

# MOUSSE AU CHOCOLAT BLANC STRACCIATELLA

TEMPS DE PRÉPARATION : 15 MINUTES - TEMPS DE CUISSON : 5 MINUTES

**POUR 4 PERSONNES**

125 g de chocolat blanc
1 gousse de vanille
60 cl de crème liquide entière
à 35 % de MG
30 g de mascarpone
20 g de sucre glace
120 g de copeaux
de chocolat noir

**CONSEIL**

Il est préférable de consommer
cette mousse le jour-même,
elle sera meilleure.

**ÉTAPE 1**

Fends la gousse de vanille dans sa longueur et
récupère la pulpe à l'aide d'une pointe de couteau.

**ÉTAPE 2**

Fais fondre au bain-marie dans un saladier
le chocolat blanc avec 10 cl de crème liquide et
mélange pour que le chocolat soit bien lisse.

**ÉTAPE 3**

Dans un saladier bien froid, monte le reste
de crème liquide bien froide (50 cl) et le
mascarpone en crème Chantilly, en intégrant
la pulpe de vanille et le sucre glace.

**ÉTAPE 4**

Verse le chocolat blanc fondu sur la crème
Chantilly, mélange au fouet, puis incorpore
les deux tiers des copeaux de chocolat (80 g)
à l'aide d'une maryse.

**ÉTAPE 5**

Répartis la mousse dans les ramequins,
réserve au frais. Au moment de servir, parsème
les mousses de copeaux de chocolat.

FAIT MAISON SUCRÉ

# TIRAMISÙ AU CAFÉ

TEMPS DE PRÉPARATION : 15 MINUTES - TEMPS DE RÉFRIGÉRATION : 1 NUIT

## POUR 4 PERSONNES

4 expressos
12 biscuits à la cuillère
2 jaunes d'œufs
70 g de sucre
100 g de mascarpone
25 cl de crème liquide
entière bien froide
Cacao en poudre

## CONSEIL

**Tu peux réaliser une version fruitée de tiramisù :** prépare un sirop à la verveine. Dans une casserole, verse 25 cl d'eau avec 1 poignée de verveine fraîche. Porte à ébullition, puis couvre, éteins le feu et laisse infuser 20 minutes. Hors du feu, retire les feuilles de verveine, ajoute 20 g de miel, porte à ébullition et stoppe la cuisson. Laisse refroidir. Reprends la recette classique : trempe tes biscuits à la cuillère dans l'infusion à la verveine et dépose-les au fond des ramequins. Ajoute des fraises dans chaque ramequin et coule ta préparation à base de crème.

### ÉTAPE 1

Fais couler les cafés, imbibes-en les biscuits à la cuillère et dépose-les dans le fond des ramequins.

### ÉTAPE 2

Mélange, au batteur à main, les jaunes d'œufs et le sucre dans un saladier bien froid, ajoute le mascarpone, continue à mélanger au batteur, puis verse la crème bien froide.

### ÉTAPE 3

Coule la crème à moitié dans les ramequins, puis dépose une nouvelle couche de biscuits trempés dans le café et coule le reste de la crème. Place au frais une nuit avant la dégustation.

### ÉTAPE 4

Au moment de servir, saupoudre de cacao.

**FAIT MAISON** SUCRÉ

# TAPIOCA AU LAIT DE COCO, BANANE ET FRUITS ROUGES

TEMPS DE PRÉPARATION : 15 MINUTES - TEMPS DE CUISSON : 10 MINUTES

## POUR 4 PERSONNES

3 cuil. à soupe de tapioca
40 cl de lait de coco
10 cl d'eau
1 gousse de vanille
3 bananes
125 g de framboises
100 g de sucre de canne
1 citron vert bio

## CONSEIL

Si tu prépares ce dessert quelques heures avant de le déguster, pense à rajouter un peu de lait de coco froid pour désépaissir le tapioca au lait de coco.

### ÉTAPE 1
Verse les perles de tapioca dans une casserole d'eau pour qu'elles soient complètement immergées et laisse-les cuire 8 minutes. Puis refroidis-les sous l'eau froide.

### ÉTAPE 2
Pendant ce temps, fais chauffer dans une casserole le lait de coco avec les 10 cl d'eau, le sucre et la gousse de vanille fendue et grattée. Laisse réduire légèrement. Quand le mélange est nappant, arrête la cuisson. Verse le tout dans un grand bol posé dans un saladier avec des glaçons pour tiédir le lait.

### ÉTAPE 3
Épluche et coupe les bananes en deux dans la longueur, puis en morceaux.

### ÉTAPE 4
Verse les perles de tapioca égouttées dans un saladier, ajoute le lait de coco vanillé et mélange bien. Ajoute les bananes en morceaux. Mélange.

### ÉTAPE 5
Répartis dans les ramequins, ajoute les framboises et râpe le citron vert dessus. Sers tout de suite.

FAIT MAISON SUCRÉ

# DULCE DE LECHE

TEMPS DE PRÉPARATION : 10 MINUTES - TEMPS DE CUISSON : 2 HEURES

**POUR 4 PERSONNES**

4 boules de glace vanille
1 boîte de lait concentré sucré
100 g de noix de coco râpée

### ÉTAPE 1

Dans une casserole d'eau chaude, dépose la boîte de lait concentré, elle doit être immergée aux trois quarts. Laisse-la dedans 2 heures. Au bout de ce temps, sors-la de la cuisson avec précaution, ouvre-la et verse le lait concentré dans un saladier pour que la préparation refroidisse, racle les bords à l'aide de la maryse. Pour que ça refroidisse plus vite, dépose le saladier dans un second saladier rempli de glaçons.

### ÉTAPE 2

Étale 80 g de noix de coco râpée sur une plaque à pâtisserie et toaste-la quelques minutes au four à 160 °C, puis laisse refroidir. Ensuite, mélange avec les 20 g de noix de coco non toastée.

### ÉTAPE 3

Mélange le dulce de leche, ou confiture de lait, à l'aide d'un fouet.

### ÉTAPE 4

Dans chaque bol ou coupe bien froide, verse 1 cuillerée de confiture de lait, dépose 1 boule de glace dessus et parsème généreusement de noix de coco râpée. Sers aussitôt.

**FAIT MAISON** SUCRÉ

# BISCUIT ROULÉ AUX FRAISES, CHANTILLY LÉGÈRE

TEMPS DE PRÉPARATION : 30 MINUTES - TEMPS DE CUISSON : 8 MINUTES

### POUR 4 PERSONNES

390 g de fraises fraîches
125 g de mascarpone
25 cl de crème liquide entière à 35 % de MG
65 g de sucre pour la crème
+ 135 g pour les œufs
+ 85 g pour les blancs
3 œufs + 2 jaunes + 4 blancs
85 g de farine
5 g de beurre
1 pot de confiture à la fraise (facultatif)

### ÉTAPE 1

Équeute 90 g de fraises et mixe-les en purée très fine. Dans un saladier bien froid, bats légèrement le mascarpone à l'aide d'un batteur à main, verse la crème liquide bien froide, continue à monter en intégrant peu à peu 65 g de sucre, monte en chantilly. Incorpore la purée de fraises délicatement à la maryse. Réserve au frais.

### ÉTAPE 2

Coupe 12 fraises en deux dans la largeur, garde la base des fruits (il faut couper les deux extrémités) dans une assiette pour le service, coupe le haut en dés, dépose-les dans un saladier. Taille en dés le reste des fraises. Préchauffe le four à 210 °C.

### ÉTAPE 3

Dans un saladier, monte les jaunes d'œufs avec les œufs entiers et 135 g de sucre au ruban à l'aide d'un batteur à main.

Ajoute la farine à la maryse, réserve.
À côté, commence à monter les blancs d'œufs. Quand ils sont bien mousseux, verse le sucre (85 g) et continue de battre jusqu'à ce qu'ils forment un bec d'oiseau.

### ÉTAPE 4

Mélange les deux appareils délicatement. Coule dans une plaque à pâtisserie à rebord en silicone beurrée ou sur une feuille de silicone beurrée. Étale légèrement pour homogénéiser le biscuit. Enfourne pour 8 minutes.

### ÉTAPE 5

À la fin de la cuisson, démoule délicatement le biscuit à l'envers sur un torchon humide, taille les rebords en rectangle, retourne côté plus foncé et nappe de chantilly à la fraise sans trop tasser. Ajoute les dés de fraise. Roule le biscuit sans l'écraser et dépose-le au frais, dans l'assiette réservée avec les fraises coupées comme décor.

### CONSEIL

Tu peux glacer le roulé d'un filet de confiture à la fraise : dans une casserole, chauffe légèrement la confiture et nappe le biscuit au pinceau, puis dépose des fraises coupées dessus ou coupe des tranches de biscuit roulé et sers-les à l'assiette avec des fraises coupées.

**FAIT MAISON** SUCRÉ

# FRAISES INFUSÉES AU THÉ

TEMPS DE PRÉPARATION : 15 MINUTES - TEMPS D'INFUSION : 40 MINUTES

### POUR 4 PERSONNES

450 g de fraises Mara des bois
200 g de fraises
1 sachet de thé noir fruits rouges
25 cl d'eau
20 g de miel d'acacia
1 cuil. à café de sucre

### CONSEILS

• Le jus de fruits infusé peut être réalisé à partir de fruits sans peau dure, et entiers,
car leur jus doit être extrait pendant la cuisson avec le sucre et un minimum d'eau.

• Tu peux y ajouter des épices, des fleurs séchées, des fruits de pleine saison, des herbes entières sans tige, des extraits parfumés.

• Les fruits idéaux pour cette recette sont, en pleine saison, les fraises, framboises, figues, mûres, groseilles, abricots, cerises, mirabelles et la grenade.

### ÉTAPE 1

Dans une casserole, verse l'eau et le thé, porte à ébullition, puis couvre, éteins le feu et laisse infuser 10 minutes. Retire le sachet de thé, verse les 200 g de fraises entières dans un saladier avec le miel, le sucre et le bouillon du thé.
Filme et dépose le saladier sur une casserole d'eau chaude. Laisse infuser 30 minutes à feu doux.

### ÉTAPE 2

Au terme de l'infusion, retire le film, et passe le jus sans presser pour éviter les dépôts.
Garde de côté dans un saladier bien froid.

### ÉTAPE 3

Dans un saladier, mélange les Mara des bois coupées en quartiers ou entières avec le sirop au thé. Verse quelques cuillerées de fraises infusées par assiette creuse.

**FAIT MAISON** SUCRÉ

# CLAFOUTIS AUX CERISES

TEMPS DE PRÉPARATION : 15 MINUTES - TEMPS DE CUISSON : 30 MINUTES

### POUR 4 PERSONNES

400 g de cerises
4 œufs
150 g de sucre
200 g de farine
1 pincée de sel fin
50 cl de lait
2 cuil. à soupe de kirsch
20 g de beurre

### CONSEIL

Le mot « clafoutis » évoque
un gâteau avec des cerises
ou des abricots. Si tu changes
de fruits, l'appellation change
aussi : il va s'appeler « far » avec
des pruneaux ou des raisins.
Dans ce cas, remplace le kirsch
par du rhum ambré.

### ÉTAPE 1

Préchauffe le four à 180 °C. Beurre le moule bien
généreusement. Lave et équeute les cerises.

### ÉTAPE 2

Dans un saladier, mélange les œufs avec le sucre,
une partie de la farine et le sel. Verse une partie du
lait, puis incorpore le reste du lait et de la farine.
Parfume avec le kirsch.

### ÉTAPE 3

Dépose les cerises au fond du moule à gâteau
et coule l'appareil à clafoutis dessus.
Enfourne pour 30 minutes.

### ÉTAPE 4

Laisse refroidir le clafoutis et tu pourras
le démouler délicatement à l'endroit.

**FAIT MAISON** SUCRÉ

# CHURROS, SAUCE CHOCOLAT

TEMPS DE PRÉPARATION : 15 MINUTES - TEMPS DE CUISSON : 5 MINUTES

---

POUR 4 PERSONNES

150 g de farine
150 g d'eau
2 pincées de sel fin
1 pincée de sucre
1 œuf
9 cl de lait entier
100 g de crème liquide entière
30 g de sucre
120 g de chocolat noir
Huile de tournesol
pour la friture
Sucre cristal

### ÉTAPE 1
Porte à ébullition dans une casserole l'eau
avec le sel fin et la pincée de sucre. Ajoute la farine
hors du feu, fais dessécher à l'aide d'une maryse,
ajoute l'œuf et continue à mélanger avec la maryse.
Verse dans une poche munie d'une douille
cannelée.

### ÉTAPE 2
Dans une autre casserole, fais bouillir le lait,
la crème et les 30 g de sucre, verse sur le chocolat
haché ou coupé en morceaux dans un saladier.
Mélange au fouet ou mixe et laisse de côté.

### ÉTAPE 3
Poche l'appareil à churros dans un bain de friture
à 180 °C, de la longueur que tu souhaites
(coupe à l'aide de ciseaux). Laisse colorer jusqu'à
ce que les churros soient bien dorés. Sors-les
à l'aide d'une écumoire et mets-les à égoutter
sur un papier absorbant.

### ÉTAPE 4
Parsème de sucre cristal et sers avec
la sauce chocolat.

**FAIT MAISON** SUCRÉ

# ETON MESS AUX FRAISES

TEMPS DE PRÉPARATION : 15 MINUTES

---

**POUR 4 PERSONNES**

250 g de fraises
10 g de sucre glace vanillé
(ou sucre vanillé)
2 grosses meringues
ou 4 à 6 petites meringues
(du commerce)
20 cl de crème liquide entière
à 35 % de MG
80 g de purée de fraises

**CONSEILS**

• Pour réussir à monter
ta chantilly, le saladier et la
crème doivent être très froids.
Tu peux les placer un petit
moment au congélateur avant
de commencer la recette.

• En fonction de la saison,
tu peux changer de fruits
(automne : mirabelles,
fruits exotiques ; hiver :
agrumes... ; printemps :
rhubarbe cuite ; été : fraises,
cerises, framboise, pêches...).

**ÉTAPE 1**
Coupe les fraises en quartiers et verse-les
dans un saladier.

**ÉTAPE 2**
Dans un second saladier bien froid, verse la crème
liquide et monte-la en chantilly à l'aide du batteur,
avec le sucre glace vanillé. Quand elle est prête,
intègre dedans les meringues cassées à la main.
Ajoute les trois quarts des fraises.
Mélange à la maryse très délicatement.

**ÉTAPE 3**
Répartis dans les verres, dépose sur le dessus
le reste de fraises et la purée de fraises. S'il te reste
un peu de meringue, émiettes-en par-dessus.

**CONSEIL :**
Réalise ce dessert avec les bonbons que tu préfères ! Tu peux aussi retirer les yeux de l'ananas à l'aide d'un économe, en les enlevant un par un.

**FAIT MAISON** SUCRÉ

# ANANAS RÔTI AU FOUR
# À LA BERGAMOTE

TEMPS DE PRÉPARATION : 15 MINUTES - TEMPS DE CUISSON : 32 MINUTES

POUR 4 PERSONNES

1 ananas avec le plumeau accroché
1 gousse de vanille
30 g de beurre demi-sel
50 g de bonbons à la bergamote
(ou Arlequin® ou berlingots)
2 cl de rhum ambré

### ÉTAPE 1

Lave le plumeau de l'ananas.
Retire le pédoncule au couteau à pain,
puis la peau délicatement sans trop couper
de chair à l'aide d'un couteau-scie,
ôte ensuite les yeux à l'aide d'un couteau
d'office en longeant les lignes que forment
les points sur l'ananas, en biais.

### ÉTAPE 2

Fends la gousse de vanille dans la longueur,
gratte-la et récupère la pulpe, mélange-la
avec le beurre demi-sel ramolli.
Mixe les bonbons.
Préchauffe le four à 200 °C.

### ÉTAPE 3

Coupe un quart du plumeau de l'ananas
et enroule-le dans un papier d'aluminium
pour éviter qu'il perce la papillote.
Découpe une feuille de papier d'aluminium
deux fois plus longue que l'ananas, dépose
l'ananas à droite de la feuille, verse dessus
le beurre à la vanille, puis parsème de
miettes de bonbons. Replie le bord gauche
de la feuille sur le bord droit et commence
à plier les bords du haut, puis du bas.
Verse le rhum dans le dernier bord ouvert
et ferme hermétiquement.
Dépose la papillote sur une plaque de
pâtisserie. Enfourne pour 20 minutes.

### ÉTAPE 4

À la sortie du four, ouvre la papillote,
sors l'ananas et dépose-le dans un plat
avec le jus de cuisson par-dessus,
remets-le au four 12 minutes pour
qu'il caramélise légèrement.

### ÉTAPE 5

Présente l'ananas rôti tranché dans un plat
avec son jus de cuisson.

## FAIT MAISON INDEX PAR PRODUITS

**AGNEAU**

Côtelettes d'agneau chimichurri,
petits pois — 57

Moussaka — 42

**AIL**

Côtelettes d'agneau chimichurri,
petits pois — 57

Gnocchis de chou-fleur,
pesto de petits pois à la menthe — 33

Houmous & pita — 15

**ANANAS**

Ananas rôti au four à la bergamote — 107

**ASPERGE**

Dorade marinée aux agrumes et menthe — 44

**AUBERGINE**

Aubergines farcies aux poivrons et bœuf — 68

Moussaka — 42

**AVOCAT**

Guacamole épicé — 9

Salade de crevettes croustillantes,
crème épicée — 27

**BANANE**

Tapioca au lait de coco, banane
et fruits rouges — 92

**BERGAMOTE**

Ananas rôti au four à la bergamote — 107

**BŒUF**

Aubergines farcies aux poivrons et bœuf — 68

**CAFÉ**

Tiramisù au café — 90

**CARAMEL**

Crème caramel à la vanille et fève tonka — 76

**CAROTTE**

Couscous de légumes, beignets
de dattes à la ricotta — 59

Curry japonais de légumes — 54

**CERISE**

Clafoutis aux cerises — 100

Dorade marinée aux agrumes et menthe — 44

**CHAMPIGNONS**

Nems de poulet et légumes, sauce acidulée — 11

Tarte croustillante à la mozzarella
et champignons — 28

**CHANTILLY**

Biscuit roulé aux fraises, chantilly légère — 96

**CHOCOLAT**

Churros, sauce chocolat — 103

Mousse au chocolat blanc stracciatella — 89

Soufflé au chocolat, riz soufflé caramélisé — 79

**CHORIZO**

Paella — 73

Poulet basquaise, riz cuisiné et
crème de chorizo — 70

**CHOU-FLEUR**

Gnocchis de chou-fleur,
pesto de petits pois à la menthe — 33

**CITRON JAUNE/VERT**

Cabillaud en papillote à la verveine,
beurre acidulé — 47

Nems de poulet et légumes, sauce acidulée — 11

Salade César — 21

Taboulé vert aux crevettes — 19

**CONCOMBRE**

Taboulé vert aux crevettes — 19

Tzatziki — 17

# FAIT MAISON INDEX PAR PRODUITS

## COURGETTE

Couscous de légumes, beignets
de dattes à la ricotta — 59

Dorade marinée aux agrumes et menthe — 44

Salade de pâtes, pesto rosso — 22

## CREVETTES

Crevettes curry coco — 64

Pad thaï — 53

Paella — 73

Salade de crevettes croustillantes,
crème épicée — 27

Taboulé vert aux crevettes — 19

## DATTE

Couscous de légumes, beignets
de dattes à la ricotta — 59

## ÉPICES

Crevettes curry coco — 64

Mijoté de veau aux épices, sauce thina — 67

Moelleux aux pommes et à la cannelle — 81

Palmiers à la cannelle — 83

## ÉPINARD

Conchiglioni farcis aux épinards
et chèvre — 37

Salade de pâtes, pesto rosso — 22

## FÈVE TONKA

Crème caramel à la vanille et fève tonka — 76

## FROMAGE

Conchiglioni farcis aux épinards
et chèvre — 37

Couscous de légumes, beignets
de dattes à la ricotta — 59

Salade de chèvre chaud aux fruits — 25

Tarte croustillante à la mozzarella
et champignons — 28

## FRUITS ROUGES

Biscuit roulé aux fraises, chantilly légère — 96

Eton mess aux fraises — 104

Fraises infusées au thé — 98

Salade de chèvre chaud aux fruits — 25

Tapioca au lait de coco, banane
et fruits rouges — 92

## GINGEMBRE

Dorade marinée aux agrumes et menthe — 44

Ma bouillabaisse — 63

Salade de crevettes croustillantes,
crème épicée — 27

## HERBES

Cabillaud en papillote à la verveine,
beurre acidulé — 47

Côtelettes d'agneau chimichurri,
petits pois — 57

Dorade marinée aux agrumes et menthe — 44

Gnocchis de chou-fleur, pesto
de petits pois à la menthe — 33

Taboulé vert aux crevettes — 19

## JAMBON

Crêpes au jambon, salade verte — 30

## LAIT

Riz au lait à la vanille — 86

## LAIT CONCENTRÉ

Dulce de leche — 95

## LARD

Bouillon de nouilles, œuf mollet et lard — 50

Petits pois à la française aux saucisses — 34

Salade César — 21

## MANGUE

Saumon croustillant, riz à la mangue,
vinaigrette sésame oignon — 48

## FAIT MAISON INDEX PAR PRODUITS

### MASCARPONE
Biscuit roulé aux fraises, chantilly légère   96
Tiramisù au café   90

### MELON
Salade de chèvre chaud aux fruits   25

### MERINGUE
Eton mess aux fraises   104

### MOZZARELLA
Tarte croustillante à la mozzarella
et champignons   28

### NOIX DE COCO
Crevettes curry coco   64
Dulce de leche   95
Tapioca au lait de coco, banane
et fruits rouges   92

### ŒUF
Bouillon de nouilles, œuf mollet et lard   50
Crêpes au jambon, salade verte   30
Pad thaï   53
Salade César   21

### OIGNON
Pad thaï   53
Petits pois à la française aux saucisses   34
Saumon croustillant, riz à la mangue,
vinaigrette sésame oignon   48

### ORANGE
Cabillaud en papillote à la verveine,
beurre acidulé   47
Dorade marinée aux agrumes et menthe   44

### PARMESAN
Gnocchis de chou-fleur, pesto
de petits pois à la menthe   33
Moussaka   42
Salade César   21
Salade de pâtes, pesto rosso   22

### PÂTE FEUILLETÉE
Palmiers à la cannelle   83

### PÂTE FILO
Tarte croustillante à la mozzarella
et champignons   28

### PÂTES
Bouillon de nouilles, œuf mollet et lard   50
Conchiglioni farcis aux épinards
et chèvre   37
Ma bouillabaisse   63
Salade de pâtes, pesto rosso   22

### PETITS POIS
Côtelettes d'agneau chimichurri, petits pois   57
Curry japonais de légumes   54
Gnocchis de chou-fleur, pesto
de petits pois à la menthe   33
Guacamole épicé   9
Petits pois à la française aux saucisses   34
Salade de chèvre chaud aux fruits   25
Salade de pâtes, pesto rosso   22
Taboulé vert aux crevettes   19

### PIMENT
Dorade marinée aux agrumes et menthe   44
Guacamole épicé   9
Houmous & pita   15
Paella   73

### POIS CHICHES
Houmous & pita   15

### POISSON
Cabillaud en papillote à la verveine,
beurre acidulé   47
Dorade marinée aux agrumes et menthe   44
Ma bouillabaisse   63
Saumon croustillant, riz à la mangue,
vinaigrette sésame oignon   48

# FAIT MAISON INDEX PAR PRODUITS

## POITRINE FUMÉE
Salade de pâtes, pesto rosso — 22

## POIVRON
Aubergines farcies aux poivrons et bœuf — 68
Poulet basquaise, riz cuisiné et crème de chorizo — 70

## POMME
Moelleux aux pommes et à la cannelle — 81

## POMME DE TERRE
Curry japonais de légumes — 54
Tomates farcies — 39

## POULET
Nems de poulet et légumes, sauce acidulée — 11
Pad thaï — 53
Paella — 73
Poulet basquaise, riz cuisiné et crème de chorizo — 70
Salade César — 21

## RIZ
Curry japonais de légumes — 54
Paella — 73
Poulet basquaise, riz cuisiné et crème de chorizo — 70
Riz au lait à la vanille — 86
Saumon croustillant, riz à la mangue, vinaigrette sésame oignon — 48

## RIZ SOUFFLÉ
Soufflé au chocolat, riz soufflé caramélisé — 79

## SALADE VERTE
Crêpes au jambon, salade verte — 30
Petits pois à la française aux saucisses — 34
Salade César — 21
Salade de chèvre chaud aux fruits — 25
Salade de crevettes croustillantes, crème épicée — 27

## SAUCISSE
Petits pois à la française aux saucisses — 34
Tomates farcies — 39

## SEMOULE
Couscous de légumes, beignets de dattes à la ricotta — 59
Taboulé vert aux crevettes — 19

## SÉSAME
Mijoté de veau aux épices, sauce thina — 67
Saumon croustillant, riz à la mangue, vinaigrette sésame oignon — 48

## SOJA
Nems de poulet et légumes, sauce acidulée — 11

## TAPIOCA
Tapioca au lait de coco, banane et fruits rouges — 92

## THÉ
Fraises infusées au thé — 98

## TOMATE
Ma bouillabaisse — 63
Moussaka — 42
Poulet basquaise, riz cuisiné et crème de chorizo — 70
Salade de pâtes, pesto rosso — 22
Tomates farcies — 39

## VANILLE
Ananas rôti au four à la bergamote — 107
Crème caramel à la vanille et fève tonka — 76
Dulce de leche — 95
Mousse au chocolat blanc stracciatella — 89
Riz au lait à la vanille — 86

## VEAU
Mijoté de veau aux épices, sauce thina — 67

## YAOURT GREC
Salade de crevettes croustillantes, crème épicée — 27
Tzatziki — 17

## LES TITRES DE CYRIL LIGNAC AUX ÉDITIONS DE LA MARTINIÈRE

  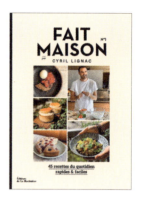

*Partagez vos réalisations sur Instagram*
*@lamartiniere.cuisine #faitmaisonaveccyril*

---

### DÉPARTEMENT ÉDITORIAL ART DE VIE

Recettes et photographies :
**Cyril Lignac et Aude Rambour**

Responsable éditoriale :
**Laure Aline**

Correction :
**Christine Cameau**

Fabrication :
**Mélanie Baligand**

Conception et réalisation graphique :
**Laurence Maillet**

Connectez-vous sur :
www.editionsdelamartiniere.fr

© 2020, Éditions de La Martinière,
une marque de la société EDLM
ISBN : 978-2-7324-9635-1

Tous droits de traduction, d'adaptation et de reproduction, sous quelque forme que ce soit, réservés pour tous pays.

Photogravure : Point 11

Achevé d'imprimer en octobre 2020
Sur les presses de Pollina Fastline - 2571
Dépôt légal : septembre 2020
Imprimé en France